中国名村志文化工程
Culture Project of Local Records of China's Famous Villages

U0815980

# 陶家夼社区志

LOCAL RECORDS OF TAOJIAKUANG

山东省威海市环翠区竹岛街道陶家夼社区志编纂委员会 编

方志出版社
Publishing House of Local Records

**图书在版编目（CIP）数据**

陶家夼社区志 / 山东省威海市环翠区竹岛街道陶家夼社区志编纂委员会编．-- 北京：方志出版社，2017.12

（中国名村志丛书）

ISBN 978-7-5144-2780-6

Ⅰ．①陶…　Ⅱ．①山…　Ⅲ．①社区—概况—威海　Ⅳ．① D669.3

中国版本图书馆 CIP 数据核字（2017）第 305569 号

·中国名村志丛书·

**陶家夼社区志**

**编　　者**：山东省威海市环翠区竹岛街道陶家夼社区志编纂委员会
**责任编辑**：刘　珊

**出 版 人**：冀祥德
**出 版 者**：方志出版社
地址　北京市朝阳区潘家园东里 9 号（国家方志馆 4 层）
邮编　100021
网址　http://www.fzph.org
**发　　行**：方志出版社图书经销中心
电话　（010）67110500
**经　　销**：各地新华书店
**排　　版**：北京纺印图文设计制作有限公司
**印　　刷**：北京中科印刷有限公司

**开　　本**：787 × 1092　　1/16
**印　　张**：15.25
**字　　数**：296 千字
**版　　次**：2017 年 12 月第 1 版　　2017 年 12 月第 1 次印刷

ISBN 978-7-5144-2780-6　　**定价**：123.00 元

**·版权所有　翻印必究·**

# ◉序一

连绵不断地编修地方志是中国独有的优秀文化传统，承担着赓续文明、传承文化的重任。保存至今的8000余种、10万余卷历代方志，蕴含着传统文化基因和海量文化信息，既是中华优秀传统文化的重要组成部分，又是传承、彰显中华优秀传统文化的重要载体。

在各种类型的地方志编纂中，村志编纂古已有之，但从未进入国家层面的地方志编纂序列。新中国成立以来，党中央、国务院高度重视包括村志编纂在内的地方志工作，出台了重要文件。中央领导发表了重要讲话、作出了重要批示。习近平总书记高度重视包括村志编纂在内的地方志工作。2004年10月，他在担任浙江省委书记时到江山市凤林镇白沙村考察，看到村民编纂的《白沙村志》，鼓励村民把村志继续编纂下去。2014年4月，刘延东副总理在与第五次全国地方志工作会议部分会议代表座谈时指出："要结合发展的新形势，加强对地方志包括部门志、行业志、专题志、乡镇村志编纂的业务指导和服务。"2015年8月，国务院办公厅印发的《全国地方志事业发展规划纲要（2015—2020年）》，正式将中国名村志文化工程列为主要任务之一。2017年5月，中共中央办公厅、国务院办公厅印发的《国家"十三五"时期文化发展改革规划纲要》指出："完成省、市、县三级地方志书出版工作。开展旧志整理和部分有条件的镇志、村志编纂。"可以说，村志编纂迎来了历史上的最好时期。

农业、农村、农民"三农"问题，是数千年来影响中国社会发展最核心的问题。中共中央高度重视"三农"工作，从2004年起，连续13年，每年的中央1号文件都聚焦"三农"。中共十九大报告更是提出"农业农村农民问题是关系国计民生的根本性问题，必须始终把解决好'三农'问题作为全党工作重中之重"，特别是提出了"乡村振兴战略"，这是中国共产党在中国特色社会主义进入新时代后，对农村发展问题所做出的准确把握和与时俱进的战略应对，是建设中国特色社会主义强国战略的重要组成部分。改革开放近40年来，在党中央、国务院高度重视社会主义新农村建设的新形势下，各地涌现出一大批历史文化名村、经济强村、新农村建设示范（试点）村、美丽乡村和特色村，成为先进生产力和先进文化的代表。客观记录中国农村全面建成小康社会的进程，向后人展示在中国共产党领导下农村千年未有的巨变，是地方志工作者肩负的光荣而重大的历史使命。编纂中国名村志丛书，是记载当代中国农村发展变革的重要途径。

文化寻根，寻的是其发展的源头和根基。村落是中国传统文化的根基所在。农村的生产生活方式、社会规范、宗族文化、宗教文化、民风习俗、传统节日、民间艺术等，无不镌刻着中国人独特的民族性格，这就是家国情怀、文脉绵延、精神归属。在快速城镇化进程的冲击和开发性破坏下，大量传统村落面临消亡的危机，村落蕴含的历史文化信息也流失殆尽，抢救性保护刻不容缓。编纂中国名村志丛书，是保存村落历史文化信息，抢救、保护村落文化最好的方式。

一方水土养一方人。家乡的山水草木、村间小巷、乡俗民情会在每个人心头留下深刻的烙印，这就是故土情结。而村落的形成与发展离不开人的活动。编纂中国名村志丛书，通过记述村落建筑、名门望族来追溯村落的历史；通过记述村落规模、布局、人口、物产等反映人口来源、宗族兴衰、生活习惯、文化背景、宗教信仰、经济发展等，体现环境与人相互影响、相互作用、相互发展的既矛盾又统一的关系；通过记述戏剧、音乐、舞蹈、美术、文学、手工技艺等文化形式，展示百姓在长期的生产生活实践中摸索和总结出的智慧结晶，强化人们沟通感情的纽带。编纂中国名村志丛书，是传承乡俗、诉说乡音、记住乡愁、纾解乡思，激活历史传统、唤起共同文化记忆、塑造共同心灵认同的重要文化工程。

中国名村志文化工程以践行文化自信、传承中华文脉、彰显时代发展为己任，以打造全国地方志系统的重要品牌为目标，在体裁运用、篇目设置、资料选择等方面进行大量的创新，突出“名”和“特”，拣选各个名村中最值得记述、最具有代表性的人、事、物，予以浓墨重彩的描画，从而形成系列的、高质量的、可读性强、雅俗共赏的地方志读本，让地方志紧接地气、贴近百姓，让地方志成果进入寻常百姓家，让人民群众共享地方志成果，让越来越多的人从地方志中感知传统、历史和记忆，成为传统村落和传统文化的守护者，成为中华优秀文化的传承者。

是为序。

中国社会科学院院长
中国地方志指导小组组长
2017年11月

## ◉ 序二

习近平总书记指出："让居民望得见山，看得见水，记得住乡愁。"这句富有诗意的重要论述不仅唤醒了中国人城镇化建设过程中对于人和自然关系、人和历史关系的思考，同时也引发了学界对"乡愁"进一步进行文化意义解读的兴趣。从本质上看，乡愁是一种源自主体体验的情感，隐含了一种人们带着乡愁追寻自我生存与生命意义、追寻诗意栖居的精神家园的美学思辨。同时，这种追寻自我生存的主体逐渐转向大众群体，乡愁也由传统单一的"文化乡愁""爱国情怀"演变为对于"理想家园"的精神追求。

中国有近 60 万个村庄，约有 5000 个古村落，被住房城乡建设部和国家文物局界定的传统村落就有 1561 个。随着中国城镇化步伐的加快，乡村的版图日渐凋敝，大批农村青壮年劳动力走进城镇，融入了新的生活。然而，每逢传统佳节，那种挥之不去的离愁别绪挟裹着亿万农民工，又融入了返乡的滚滚洪流。这是乡愁的情愫牵动着他们，是故乡的山、故乡的水、故乡的老屋、故乡的小吃在牵动着他们，是故乡家家户户的楹联和口口相传的故事，以及只有在隆重的传统佳节才有的古老的民风习俗在牵动着他们。

文化可以体现一个民族、一个国家、一个社会的重量与体温，这是文化的力量之所在，而村落是传统中国的根脉所系，乡土社会是最能够体现中国传统文化特征的地方。梁漱溟曾指出："中国文化是以乡村为本，以乡村为重，所以中国文化的根就是乡村。"我曾在《建设社会主义新农村的理论与实践》一书中指出，在新农村建设的过程中，必须"保护和发展有地方和民族特色的优秀传统文化，创新农村文化生活的载体和手段，满足农民群众多层次、多方面的精神文化需求"，而编纂村志尤其是实施中国名村志文化工程就是一个重要举措。实施中国名村志文化工程，编纂中国名村志丛书，以最基层的村落为研究对象，寻根传统村落的历史，梳理村落的发展脉络，以唤起人们的归属感和认同感，探索新型城镇化和社会主义新农村建设过程中，如何留住乡音、乡风、乡思，继承传统文化精华，挖掘丰富历史智慧，是贯彻落实中央城镇化工作会议精神和中共十九大提出的“乡村振兴战略”的重要举措，是当前和今后一个时期全国地方志工作者的重要工作。

虽然村落文化正在日益远离当下生活，但我们可以抓住诸如基本村情、文物胜迹、古村保护、特色文化、旅游名胜、村域经济、风土民情、村民生活、新农村建设、艺文杂记、名人与名村等关键内容，通过志书的手法来诠释乡村文化的精华。我们如实记录着村落里的人和事，以及青山绿水、小河大树、袅袅炊烟，力争以最完整、最原真的方式呈现村落的前世今生。我们要为“迷失”的人留住乡村文化的根脉，让人们难以割舍的乡愁得以慰藉和释放。

中国名村志文化工程将触角伸向那些极具代表性的村落，它们有的历史悠久、名人辈出，有的经济腾飞、重获新生，有的风景秀丽、景观独特，有的地处边陲、神秘莫测……我们挖掘中国不同类型村落的发展之路，为探索新型城镇化和社会主义新农村建设的发展经验、发展模式、前进道路提供历史智慧和现实借鉴。因此，打造以重在表现乡村嬗变为主旨的中国名村志丛书十分必要和迫切，这是一项功在当代、利在千秋的文化工程。

近年来，随着中国经济社会的发展和国际地位的提高，越来越多的人想要认识中国、了解中国、研究中国。在这样的形势下，乡村是不可或缺的一环，我们要集中讲好发生在乡村的故事，向世界呈现一个多元的、立体的中国。乡村历经岁月变迁的风雨，见证着改革开放的步伐，寄托着数代中国人的情感。发生在乡村的故事无疑是血肉丰满的、震撼人心的、引起共鸣的。我们应该有这个自信能够讲好乡村故事，讲好中国故事，描绘出中国的底色，“让每一个中国人都能在地方志中找到自己的位置”。

可喜的是，越来越多的有识之士认识到了这一点，加入到保护、传承、发展村落文化的队伍中来。仅就编纂中国名村志丛书来看，第一批的申报范围就涵盖包括香港特别行政区在内的32个地区，申报数量高达70余部。“直笔著信史，彰善引风气，为当代提供资政辅治之参考，为后世留下堪存堪鉴之记述”，这是我们的初心和使命。希望中国名村志文化工程的实施，能够带动更多的人关注中国乡村文化，为社会主义文化强国建设作出更大的贡献。也希望越来越多的名村都来融入继承中华文化传统、颂扬中华传统文化的活动中，让正能量更多地润泽温暖人们的心灵，让更多的人“记得住乡愁”！

是为序。

中国社会科学院副院长
中国地方志指导小组常务副组长
2017年11月

## ◉ 中国名村志文化工程专家委员会

**名 誉 主 任** 徐匡迪

**主　　　任** 王伟光

**常务副主任** 李培林

**委　　　员**（按姓氏笔画排序）

毛其智　叶裕民　李　铁　李善同　杨保军　柳　拯

倪鹏飞　魏后凯

## ◉ 中国名村志文化工程学术委员会

**主　　　任** 李培林

**常务副主任** 冀祥德

**副 主 任** 刘玉宏　邱新立

**委　　　员**（按姓氏笔画排序）

于伟平　王　晖　王铁鹏　巴兆祥　田　嘉　苏炎灶

李　江　李孝聪　张大伟　张英聘　陈泽泓　陈　强

## ◉ 中国名村志丛书编纂委员会

**主　　　任** 李培林

**常务副主任** 冀祥德

**副　主　任** 刘玉宏　邱新立

**成　　　员**（按姓氏笔画排序）

马小彬　毛志华　田　洪　任玉华

刘成典　刘爱军　关树锋　贠有强

李云鹤　李秋洪　杨洪进　吴凤端

何喜清　汪德军　张军利　张志仁

陈华康　陈　玲　陈秋平　易介南

胡满达　洪民荣　姚　红　秦向东

袁建勋　高　煜　梅　宏　鄢钢城

管仁富　廖运建　漆冠山　潘捷军

## ◉ 中国名村志丛书编纂委员会办公室

**主　任** 冀祥德

**副主任** 邱新立

**成　员** 于伟平　杨海峰　陈　旭　李　江

王丹林　安　山　刘思鸣　丛　珺

宁　芳　张　睿

## ◉山东省威海市环翠区竹岛街道陶家夼社区志编纂委员会

**主　任**　沈燕萍

**副主任**　谷佩贞　殷炳金　陶建军

**委　员**　于海龙　刘大伟　柳　楠　戚喜东

张国卫　肖　伟　刘洪刚　王志坚

## ◉山东省威海市环翠区竹岛街道陶家夼社区志编辑部

**主　　编**　谷佩贞　陶建军

**副 主 编**　于海龙　肖　伟

**执行主编**　王志坚

**编　　辑**（按姓氏笔画排序）

孔庆进　李　宁　丛培威　肖　伟

姜元快　柏荣春　陶遵莱　陶俊明

陶俊超

**编　　务**　王雪燕　戚桂庆

健身步道（局部，2016 年）　　戚桂庆　摄

## ◉ 中国名村志丛书凡例

一、以马克思列宁主义、毛泽东思想、邓小平理论、“三个代表”重要思想、科学发展观、习近平新时代中国特色社会主义思想为指导，坚持辩证唯物主义和历史唯物主义的立场、观点和方法，存真求实，全面、客观、系统记述我国村落发展变化进程和改革开放成果，传承和抢救乡土历史文化，激发爱国爱乡情怀，为探索中国特色新型城镇化建设、社会主义新农村建设的发展经验、发展模式、前进道路提供历史智慧和现实借鉴。

二、为全面反映入志事物发展脉络，各志上限尽量追溯至事物发端；下限一般断至各村志启动编修年份，个别重大事项可延至搁笔。

三、记述地域范围以下限年份的行政辖区为主。为体现名村在更大区域内的意义，可以从更开阔的区域视野记述与该村相关的内容。

四、统一采用纲目体，设类目、分目、条目三个层次。横排门类，纵述史实。除《中国名村志丛书基本篇目》要求的必设类目外，其余类目根据各村实际，依照突出时代特色、地方特色的原则自行安排。

五、综合运用述、记、志、传、图、表、录等各种体裁，以志体为主。

六、除引用文字和附录文献资料外，统一使用规范汉字及现代语体文记述体。记事坚持秉笔直书、述而不作，只记事实，不作评论，寓观点于材料之中。行文力求朴实、严谨、简洁、流畅、优美，具有较强可读性。

七、人物部类遵循“生不立传”原则，人物传主按生年排序，只选录对本村发展有重大影响的人物，不面面俱到。

八、所需数据一般采用政府统计部门数据，无政府统计部门数据时选用主管部门正式提供的数据。

九、数字用法、标点符号、计量单位分别执行国家标准《出版物上数字用法》（GB/T15835—2011）、《标点符号用法》（GB/T15834—2011）、《国际单位制及其应用》（GB3100—1993）和《有关量、单位、符号的一般原则》（GB3101—1993）。历史上使用的计量单位，如斗、石、里、尺、磅、华氏度等，在引文时可照录。考虑到社会使用习惯，全书中亩不统一换算，1 公顷＝ 15 亩。

十、自中华民国成立后的纪年，均使用公元纪年。志中所称“解放前（后）”，以当地解放日为界；“新中国成立前（后）”，以中华人民共和国成立日 1949 年 10 月 1 日为界；“改革开放前（后）”，以中共十一届三中全会召开的 1978 年 12 月为界。本志“×× 年代”，凡未加世纪者，均指 20 世纪的年代。

十一、为节省篇幅，避免重复，本志采用条目互见法。参见条目的表示形式为：参见本志“×× 类目·×× 分目·×× 条目”。

十二、对旧志、古籍中的繁体字、冷僻字一般用简化字或通用字替换，易引起误解的则保留。

十三、记述各个历史时期的党派、机构、职务、地名等，均以当时的名称为准。对频繁使用的名称，首次用全称，其后用简称。

十四、各村志需要单独说明的事项，均在各自编纂始末中记述。

# 陶家夼社区在中国的位置

# 陶家夼社区在山东省的位置

1：3 350 000

审图号：GS（2017）3697号

陶家夼社区平面示意图
布谷夼社区
威海火炬高技术开发区
戚家夼社区
陶家夼隧道
红叶谷隧道
硬鹰嘴
张村镇
陶家夼居委会
四方社区
统一路
四方路
南路
南竹岛社区
仙姑顶
望岛社区
图例
居委会驻地
道路
城际铁路
隧道
山峰
河流
水库

1955 年陶家夼村全景图

20 世纪 70 年代陶家夼村全景图

1996 年陶家夼俯瞰图（局部）

陶家夼社区俯瞰图（2009 年）

姜国丰 摄

抱山泉水库（2013 年）　　刘芳琳　摄

秋色赋艺术馆（2007 年）

陶家夼社区庆“七一”文艺演出——《又见东方红》剧照（2016 年）　　蔡阳　摄

# ◉目录

# 人居福地陶家夼

18世纪前，陶家夼是一处人迹罕至的荒山野夼（威海人称山谷为“夼”）。18世纪初至19世纪初，3户威海陶氏族人相继迁此居住生活，逐渐繁衍成村庄。农业合作化后，陶家夼村因地制宜，大力发展果业生产，由一个一穷二白的小山村发展成为享誉全国的“苹果村”“葡萄夼”。改革开放后，陶家夼依靠村办工业，集体经济不断壮大，为民生事业发展奠定坚实的经济基础。1993年后，陶家夼以创建“全国文明村镇”和打造现代宜居城市社区为目标，大力实施旧村改造，加强基础设施建设，健全民生保障体系和便民服务体系，丰富和活跃居民文化生活，逐步建设成为环境优美、社会祥和、生活便利、文化繁荣的宜居城市社区，令人向往的人居福地。

陶家夼社区志

陶家夼社区历史悠久，区位优越，经过几代人的努力，加上独有的自然环境，已成为远近闻名的富裕社区，是人人向往的人居福地。

陶家夼社区位于威海市区四方路西段（统一南路以西路段）两侧，地理坐标为北纬 37° 47 '17" ，东经 122°11'41"，面积约 3.5 平方千米，隶属山东省威海市环翠区竹岛街道。

陶家夼社区地处威海市①金融、商贸、文化、教育、旅游中心地带。北距威海市政府驻地 3.8 千米，周边有中国人民银行威海市中心支行、中国银行威海分行、中信银行威海分行、中国农业银行威海市分行、中国人寿财产保险股份有限公司威海中心支公司等 10 余家金融机构，有大润发超市、银座家居、国美电器等大型商场和众多商贸经营网点，有威海国际会议中心、威海文化艺术中心、威海市人力资源和社会保障局、威海市住房公积金管理中心等便民服务机构，有威海二中、塔山中学、威海十中、塔山小学、翠竹小学、北竹岛小学等中小学校，有威海市中医院、威海卫人民医院、威海口腔医院、威海市儿童医院等医疗机构，有华夏城旅游风景区、仙姑顶名胜风景区、金线顶公园、威海公园、塔山公园、“侨乡号”游轮等旅游景点和设施。

① 本志中的“威海市”，1987 年 8 月 24 日前为县级威海市，1987 年 8 月 24 日后为地级威海市。

穿境而过的青烟威城际铁路和环山路（2016 年）　　戚桂庆　摄

陶家夼社区交通便利。四方路向东直通威海市区南北主干道——青岛路和海滨路（G228）。社区东南距威海港 7.3 千米，东北距威海旅游码头 2 千米，南距威海火车站和威海长途汽车站 6.2 千米，距威海国际机场 33.3 千米。社区西部青烟威城际铁路和环山路（S201）穿境而过，西距青烟威城际铁路威海北站和威海长途汽车北站 7 千米，距 G18 烟威一级路入口 13 千米，距烟台蓬莱国际机场 102 千米。社区内设有威海市 5 路公交车大川东、大川西（终点站）两个站点。

陶家夼社区自然环境得天独厚。社区地处里口山山脉东麓，依山面海，地势西高东低，南、西、北三面群山环抱，东面濒临威海湾，社区内陶家夼河自西向东潺潺流过。生活区西面峰谷相间，山谷密布，山谷内林木繁茂，百草丛生，鸟语花香，奇石星布，泉水叮咚，空气清新，是人们假日休闲健身和游览的好去处。陶家夼社区冬暖夏凉，气候宜人，历年年平均气温 12.4℃，1 月平均气温 −1.6℃，7 月平均气温 24℃。平均日照时数 2538.2 小时，平均无霜期 230 天。

陶家夼社区基础设施完备，便民服务精细。1993 年，陶家夼村根据威海市城市建设规划，开始实施旧村拆迁改造，在建设居民楼的过程中，按照《威海市陶家夼村规划设计》，同步配套进行道路修筑与改造、管网与线路改造、生态环境建设等市政基础设施建设。将社区内道路拓宽硬化，改造成四通八达的街道网；沿街道铺设供电、通信、供

青山环绕的抱山泉水库（2016 年）　　戚桂庆　摄

水、排水（雨污分离）、供气、供暖地下管网，并接通威海市市政主管网；实施生态环境建设，在楼宇间和街道边因地制宜建设小巧精致的花园、绿地、公园等，实现住宅小区园林化；开辟建设全长 24 千米的健身步道、4680 平方米的文体活动广场、10 余处健身活动场地等，方便居民休闲健身和开展文体活动；兴建占地 4333 平方米、总建筑面积 3853 平方米的社区服务中心，开设“一站式”多功能服务大厅、居民活动中心、妇女之家、阅览室、书画室、会演中心等，为居民提供全方位的便民服务；实行现代物业管理与服务，为居民生活提供精准、细致的物业服务。至 2009 年，经过 18 个批次的拆迁建设，陶家夼村旧貌换新颜，由一个郊区山村变成基础设施完备、环境整洁优雅、人人向往居住的城市社区。

陶家夼民生保障体系健全。陶家夼人深悟发展经济是改善人民生活的真谛，富裕起来的陶家夼不断建立和完善民生保障体系。1965 年，陶家夼村实行“二八”分配制[①]，为缺少劳动力的农户提供生活保障。1969 年后，陶家夼先后实行公费医疗、合作医疗、社会统筹医疗保险和威海市居民基本医疗保险，为居民提供医疗保障。1980 年后，陶家

① “二八”分配制：社员分配总额的 20% 按人口平均分配，80% 按工分分配。

物业人员在修剪花木（2016 年） 戚桂庆 摄

夼先后实行劳保金制度、社会养老保险，为居民提供养老保障。1998 年，陶家夼村设立奖学金和促学金，用于鼓励本村在校学生努力学习，不断进步。

陶家夼民风淳朴，社会安宁祥和。陶家夼人崇尚“邻里一家亲”，有尊老爱幼、和家睦邻、热心公益、扶危济困的优良传统。1982 年后，陶家夼村在精神文明建设过程中，开展“五好家庭”“文明家庭”“模范家庭”“文明楼”“文明单元”等系列评选活动，使陶家夼的优良传统进一步发扬光大，居民道德素质和文明程度进一步提高，为建设祥和安宁的宜居社区夯实思想道德基础。1993 年后，为强化公共安全，陶家夼村深入开展社会治安综合治理，设立治安警务室，安装治安监控网络，实行网格化管理，逐步建立健全人防、物防、技防、心防“四位一体”的治安防控体系，陶家夼社区社会治安环境得到进一步优化，为居民安居乐业提供了公共安全保障。

陶家夼文化生活丰富。“一方水土养一方人”，陶家夼优美的环境和富足的生活激发了陶家夼人的文化追求。早在 1973 年，陶家夼村就购置了电影放映机，每周 1 ~ 3 天免费为社员放电影。1992 年开始举办庆“七一”文艺演出，1997 年开始举办广场纳凉晚会，至 2016 年，这两个大型群众文艺活动分别举办了 23 届和 18 届，成为陶家夼社区参与面最广的群众文化活动。2013 年，陶家夼社区为更好地开展庆“七一”文艺演出和广场纳凉晚会等群众文艺活动，在2003年成立的大川艺术团的基础上成立陶家夼金色桃源俱乐部，下设文艺节目创作组、舞蹈队、器乐队等10支文艺创作和演出队伍，有会员360多人。2004—2006年，陶家夼社区投资500多万元建立威海市首家村级艺术馆——秋色赋艺术馆，收藏和展示威海文化艺术成果，成为威海文化的重要标志和名片，进一步增强了社区文化氛围。陶家夼浓郁的文化艺术氛围，不但催生孕育了陶遵和、陶洪涛等本土艺人，也吸引了李强、柏荣春等客籍艺人。

陶家夼原本是一处人迹罕至的荒山野夼。清朝初年，明威海卫第二任指挥佥事陶敞的后世子孙因明亡官绝，失去俸禄，被迫搬出威海卫城，四处谋生。18世纪初至19世纪初，威海陶氏族人中的3户相继迁此居住生活后，逐渐繁衍成由下疃、大坟、野鸡夼3个群落组成的村庄，因陶氏族人居此，故名陶家夼村。

陶家夼村曾是闻名全国的“苹果村”“葡萄夼”。农业合作化前，由于一家一户的小农经济生产力低下，陶家夼人面对“山高石头多、出门就爬坡”的自然环境，有心无力，只能在贫瘠的土地上艰难“刨食”，在“食不饱腹、衣不暖身”的生活中艰苦度日。为谋生，许多村民不得不外出到威海卫城里打工，到威海湾做码头搬运工、英国军舰的“帮船”，甚至“闯关东”“闯崴子（海参崴，即俄罗斯符拉迪沃斯托克）”“下南洋”。1956年陶家夼村实行农业合作化后，陶家夼人团结一致，齐心协力，发扬“敢上九天揽月，敢下五洋捉鳖”的精神，用自己勤劳的双手和智慧，依靠集体的力量“战天斗地”，“向果园要收入、向农田要粮食”。人们在山腰广建果园，栽植果树；在山坡、山脚，利用冬闲，冒严寒、战风雪，整地改土，兴修水利，将昔日零散贫瘠的山塂薄地改造成“清清渠水绕山转”“山坡呈现‘大寨田’”的水浇良田；在村内街道、河边、庭院搭起葡萄架，遍栽葡萄。经过十几年的艰苦奋斗，陶家夼由一穷二白的小山村变成一个花果遍山、葡萄满夼的社会主义新农村，到处呈现一派生机勃勃、蒸蒸日上的景象，成为闻名遐迩的“苹果村”“葡萄夼”，成为远近闻名的“富裕村”。国家、省、市领导人多次到陶家夼村考察、调研，《人民日报》《大众日报》《山东画报》等多家新闻媒体多次到村采访报道。著名作家峻青到村采访后，写下著名的《秋色赋》，山东电影制片厂到村拍摄专题纪录片《山村新貌》，全国各地慕名到陶家夼村参观学习者络绎不绝。

陶家夼人善抓机遇，勇立潮头。改革开放后，陶家夼顺应形势，乘势而起，及时将经济发展由以果业生产为支柱调整为以工业为主导，大力发展村办工业，谱写“秋色赋”新篇章，先后建起十几家村办企业，为村域经济发展注入新活力。至1992年，全

山坡呈现“大寨田”

村实现集体经济总收入803万元，上缴税金29万元，实现集体公共积累84万元，农民人均纯收入达1788元。1993年后，随着旧村拆迁改造的实施，陶家夼村在巩固已有的村办集体经济基础上，积极发展房地产业和楼宇经济，兴建商品楼、商贸服务业经营网点房、工业园等，招商引资，拓宽村域经济发展之路。2005年，全社区实现集体经济总收入 14850 万元，上缴税金 960 万元，实现集体公共积累 660 万元，农民人均纯收入 14200 元。2016 年，全社区实现集体经济总收入 25480 万元，上缴税金 1865 万元，实现集体公共积累 968 万元，居民人均纯收入 24862 元。

物华天宝，人杰地灵。20 世纪 40 年代至 70 年代末，陶家夼村在农民果树专家陶遵祐的带动下，走出一条依靠果业发展经济之路，谱写了社会主义新农村建设的“秋色赋”。1993 年后，陶家夼村在村领导带领下，逐步将陶家夼村建设成为人人向往的人居福地。

彰往察来，明为今承。秉承艰苦奋斗、勇往直前优良传统的陶家夼人，在实现中华民族伟大复兴中国梦的新征程中，必将用自己的勤劳和智慧谱写出“秋色赋”的新华章。

# 社区概览

陶家夼社区地处威海市金融、商贸、文化、教育、旅游中心地带，交通便利。这里依山傍水，环境优美，气候宜人，冬暖夏凉，有许多小巧别致的自然景观和人文景观，是人们休闲健身和度假的好去处。陶家夼社区民风淳朴，社会祥和，是一处适宜居住生活的福地。

通过概览的详细介绍，打开了初识陶家夼社区这扇窗，为读者呈现了一个清晰、大美、和谐的新型社区。

## ◉ 建置沿革

**社区由来** 明朝初年，凤阳府人陶洪跟随开平王常遇春破采石矶，以从龙军功授登州卫右所千户，后封宁海卫指挥佥事，世袭明威将军。陶洪长子陶铎袭职授封宁海卫指挥佥事，于洪武三十一年（1398）击败进犯宁海卫的倭寇。永乐元年（1403），次子陶钺因长兄陶铎子陶敞生病无法履职，借职

陶家夼社区居民委员会（2016 年） 戚桂庆 摄

调任威海卫首任指挥佥事（当时未设指挥使），主持威海卫所事务，筑卫城。宣德五年（1430），陶敞病愈，复任原职威海卫指挥佥事，携眷到威海卫安家，始有威海陶氏一族。清朝初年，陶敞的后世子孙因明亡官绝，失去俸禄，不得不搬出卫城，四处迁居。18世纪初，威海陶氏九世二支陶中凤次子陶玉士由北竹岛村迁至陶家夼定居。至19世纪初，先后又有九世三支两户威海陶姓人家迁居陶家夼。陶氏族人在此繁衍生息，逐渐形成由下疃、大圪、野鸡夼3个群落组成的村落。因陶姓在此居住，故称陶家夼村。2001年9月，陶家夼撤村设社区，改为陶家夼社区。

**隶属演变** 陶家夼建村后，属文登县辛汪都三里。英国强租威海卫时期，陶家夼村属英国殖民当局威海卫行政长官署第十八总董区。1930年10月1日国民政府收回威海卫后，陶家夼村属威海卫特别行政区第二自治区。1945年8月16日，威海全境解放，陶家夼村属威海卫市塔山区，塔山区撤销后，改属城市区。1950年3月，威海卫市实行城乡分治，陶家夼村属郊区竹岛乡。1951年5月，威海卫市更名为威海市，撤销郊区，陶家夼村仍属竹岛乡。1956年年末，威海市市区整合为鲸园、城里、大桥3个街道办事处，陶家夼村属大桥街道办事处。1958年8月，威海市3个街道办事处合并为城厢街道办事处，陶家夼村属城厢街道办事处。同年9月，城厢街道办事处更名为威海市城厢人民公社，陶家夼村属城厢人民公社。1960年8月，城厢人民公社更名为市区人民公社，陶家夼村属市区人民公社。1984年4月，撤社设镇，市区人民公社分设环翠楼、鲸园、竹岛3个街道，陶家夼村属竹岛街道。1987年，设立地级威海市，原县级威海市改为环翠区，陶家夼村属威海市环翠区竹岛街道。

## ◉ 区位　交通

**区位** 陶家夼社区坐落于威海市区四方路西段（统一南路以西路段）两侧，地处威海市金融、商贸、文化、教育、旅游中心地带。北距威海市政府3.8千米，地理坐标为北纬37°47'17"，东经122°11'41"，面积约3.5平方千米。东北与北竹岛社区连接，与国家AAAAA级旅游景区——刘公岛隔海相望，东、南与南竹岛社区毗连，西南与望岛社区相接，西与环翠区张村镇王家疃村接壤，西北分别与威海火炬高技术产业开发区李家夼、环翠区环翠楼街道布谷夼社区为邻，北与戚家夼社区相连。

**交通** 陶家夼社区周边路网发达，交通便利。东距威海市区南北主干道——青岛路

950 米，距海滨路（G228）1.2 千米；东南距威海港 7.3 千米；南距威海火车站、威海长途汽车站 6.2 千米，距威海国际机场 33.3 千米；西面青烟威城际铁路和环山路（S201）穿境而过，距青烟威城际铁路威海北站和威海长途汽车北站 7 千米，距 G18 烟威一级路入口 13 千米，距烟台蓬莱国际机场 102 千米；东北距威海旅游码头 2 千米。社区内设有威海市 5 路公交车大川东、大川西（终点站）两个站点。

陶家夼社区在竹岛街道位置示意图

远眺仙姑顶（2016 年） 戚桂庆 摄

遥眺硬鹰嘴峰（2016 年） 戚桂庆 摄

# ◉ 自然环境

陶家夼地处威海市环翠区主要山脉之一——里口山山脉东麓，南、西、北三面群山环抱，东面濒临威海湾。地势西高东低，天然形成峰谷相间、山河相依、冬暖夏凉、气候宜人的小环境。

**地形**

**山峰** 陶家夼的主要山峰有仙姑顶和硬鹰嘴峰。仙姑顶位于陶家夼社区与南竹岛社区、望岛社区交界处，是巍峰山主峰，海拔 375 米，因山顶建有仙姑庙而得名。位于巍峰山南麓的仙姑顶名胜风景区为国家 AAAA 级旅游景区，是威海市著名风景区之一。硬鹰嘴峰位于陶家夼社区与张村镇王家疃村、威海火炬高技术产业开发区李家夼社区分界处，海拔 413 米。

**山谷** 陶家夼沟壑密布，有大小山谷 23 条，村民按照各山谷的分布，将其分为南夼、北夼和野鸡夼（今名红叶谷）三大区域。这些山谷人迹罕至，自然生态环境良好，夼内林木繁茂，花奇草异，鸟语悠扬，奇石星布，溪流潺潺，空气清爽，雾霭隐现。

南夼南起陶家夼社区与南竹岛社区分界线，北至硬鹰嘴峰—于家夼山顶—黑石硼沟山顶—环山路（S201）一线的南夼和北夼分水岭，面积约 1.3 平方千米，内有八字沟、小窑南、大窑南、牛角胡同、沙流沟、小北夼、仙姑后堂、小棘子夼、一流带子、葛子夼、小茅旺、大茅旺、野猪沟、马铺东沟 14 条山谷。

南夼（2016 年）　　戚桂庆　摄

北夼（2016 年）　　戚桂庆　摄

北夼南起南夼和北夼分水岭，东至蜂子夼东侧山岭，面积约 0.4 平方千米，内有一口灵、于家夼、黑石硼沟、石门夼、老北墙、蜂子夼、羊角胡同 7 条山谷。

野鸡夼西起蜂子夼东侧山岭，东至北山西坡，面积约 0.1 平方千米，内有西沟和流夹胡同两条小山谷。

**气候**　陶家夼地处中纬度，属春冷、夏凉、秋温、冬暖的北温带大陆性季风气候，与同纬度内陆地区相比，具有昼夜温差小、无霜期长、大风多、湿度大、四季分明的特

野鸡夼（2016 年） 戚桂庆 摄

点。由于陶家夼三面环山、一面近海，西山、北山高，南山低，天然形成夼内小气候，与周围其他村庄相比，具有冬天避西北风、夏天迎东南风、冬暖夏凉的特点。历年年平均气温 12.4℃，1 月平均气温 -1.6℃，7 月平均气温 24℃。历年极端最低气温 -13.8℃（1970 年 1 月 4 日），极端最高气温 38.4℃（1972 年 6 月 10 日）。历年年平均降水量 730.2 毫米，平均日照时数 2538.2 小时，平均无霜期 230 天，累计平均风速 5.6 米 / 秒。全年风向以北风、西南风为最多，次为西北风。

### 水文

**陶家夼河** 陶家夼山涧河流众多，为季风区雨源型河流。河床比降大，源短流急。径流量受季节影响差异较大，夏季多，春冬季少。主要河流是陶家夼河，其他山涧河流均为其支流，其中较大的支流为北夼河、野鸡夼河。陶家夼河发源于仙姑后堂，由西向东顺势蜿蜒而下，汇于南竹岛河，后向东流入威海湾，全长约 4 千米。北夼河，亦称山神庙河，发源于一口灵，于山神庙（在今保利红叶谷生活小区南门前偏西处）前汇入陶家夼河。野鸡夼河，亦称柳树河，发源于野鸡夼，于四方路 87 号楼西南角处汇入陶家夼河。陶家夼河上游马铺西有一座水库，原为 1966 年建成的丰收水库（参见本志“大事纪略 · 清清渠水绕山转”），2009—2012 年扩建成库容 15 万立方米的小（2）型水库后，更名为抱山泉水库。陶家夼河主河道和支流常年流水不断，附近居民经常在河边浣洗。1956 年，在下游河道边搭起葡萄架，两岸栽植葡萄后，该河被誉为“葡萄河”，当地妇女在葡萄河边浣洗成为村中一道美丽的风景。参见本志“社区经济·果业·‘葡萄夼’美誉传四方”。

**山泉** 陶家夼有马铺泉、长寿泉、凉水湾山泉、懒汉市泉、葛子夼泉、南山头泉、于家夼泉等多处山泉，这些山泉都属季节性山泉，虽常年有水，但夏季出水量大，冬季出水量小。马铺泉位于抱山泉水库坝下河道中，其水质优良，到此接山泉水的人络绎不绝，早、晚时分常出现排队接水的场面。长寿泉位于秋色赋艺术馆门前，因其附近居民多长寿而得名，其泉水常被社区居民用来冲茶。凉水湾山泉位于牛头山北部的陶家夼河道中，因泉水冬暖夏凉而得名。懒汉市泉位于抱山泉水库西北的懒汉市，葛子夼泉位于葛子夼，南山头泉位于牛头山南山头东坡，于家夼泉位于于家夼靠近黑石硼沟处。南山头泉和于家夼泉分别因建设住宅小区和修建环山路而被掩埋。

居民在陶家夼河浣洗（2016 年） 戚桂庆 摄

居民在马铺泉接山泉水（2016 年）　　　　戚桂庆　摄

居民在长寿泉提水（2016 年）　　王雪燕　摄

**自然资源**　据 1978 年统计，陶家夼村有粮田 190 亩[①]、蔬菜园地 30 亩、果园 265 亩。1978 年后，陶家夼村粮田逐渐改为他用或退耕还林。2016 年，陶家夼植被覆盖率达 80%，主要植物资源有柞树、赤松、刺槐等乔木 40 余种，有杜鹃、野蔷薇、山榆等灌木 20 余种，有贝草、毛草、蒿草等草类植物 40 余种；主要野生动物资源有狐狸、黄鼠狼、野兔等兽类，有鹰、麻雀、喜鹊、斑鸠等鸟类，有蜜蜂、胡蜂、蜻蜓、蚂蚱等昆虫，有蛇、壁虎、蜥蜴、青蛙、蟾蜍等爬行类和两栖类，有泥鳅、鲤鱼、鲫鱼等水生类。

**村域古地名**

**下疃**　原村庄群落名，位于社区中东部。陶家夼社区由下疃、大坟、野鸡夼 3 个群落组成（参见本志“社区概览 · 建置沿革 · 社区由来”），因大坟、野鸡夼地处山谷上部，下疃地处山谷外口，故称下疃。

**野鸡夼**　山谷名和原村庄群落名，位于社区西北 500 米处。古时，因夼内野鸡多而得名。如今，夼内有十余株柿子树，每至晚秋，红叶烂漫，更名为红叶谷。

**大坟**　地名和原村庄群落名，位于社区西 500 米处，因有清陶易的衣冠冢而得名。

**牛头山**　山脉名，位于社区西南 200 米处，因形状似卧牛而得名。南北走向，“牛头”向北，包括陡蒴子、凉水湾。

---

① 本志中粮田、菜园、果园等农田面积均采用传统计量单位“亩”。

盛开的槐树花（2016 年）　　戚桂庆　摄

**马铺**　地名，位于社区西 800 米处，因古时烧窑人在此养马而得名。

**牛角胡同**　山谷名，位于社区西南 1000 米处。山谷大致呈东北—西南走向，因夼内有酷似牛角的弯曲而得名。

**仙姑顶**　山峰名，位于社区西南 2000 米处，因山顶建有仙姑庙而得名。参见本志“社区概览 · 自然环境 · 地形”。

**仙姑后堂**　山谷名，位于仙姑顶北，因地处仙姑庙后而得名。东西走向，东邻牛角胡同，北至大岭，包括双波棱盖（威海人称膝盖为“波棱盖”）、南天门、天梯、沙流沟、口子下、大岭。

**口子**　隘口名，位于仙姑顶至硬鹰嘴峰的山脉中南部，为陶家夼社区通往张村镇王

仙姑后堂（2016 年）　　戚桂庆　摄

小棘子夼（2016 年）　　　　戚桂庆　摄

葛子夼（2016 年）　　　　戚桂庆　摄

大肚坡（2016 年）　　　　戚桂庆　摄

家疃村的山路隘口，故名口子。

**懒汉市**　地名，位于马铺西 400 米处，陶家夼河上游的两个支流在此交汇。因附近有一眼山泉，古时上山砍柴的人常至此歇息、饮山泉水，故称懒汉市。

**懒汉市西帮**　山坡名，位于懒汉市西岸，因山坡较陡而得名（威海人称陡峭的山崖、山坡为“帮”）。

**一流带子**　山谷名，位于懒汉市西帮西面，西接小北夼，因狭长似一条带子而得名。

**小棘子夼**　山谷名，位于懒汉市北侧，因古时夼内枣树较多，故称小棘子夼。东西走向，纵深约 600 米。

**葛子夼**　山谷名，位于懒汉市西北 500 米处，因夼内多葛藤而得名。葛子夼大致呈东南—西北走向，夼内自东向西为葛子夼门前、大茅旺、小茅旺、葛子夼，夼北坡自西向东为马头、野猪沟、弯弯岭。

**姑子帽**　山坡名，位于马铺北面，坡顶有一突出的青色巨石，形似尼姑帽，故名姑子帽。20 世纪 60 年代，姑子帽因采石修整土地而毁。

**黑石硼沟**　山谷名，位于懒汉市北面，因山坡石硼连片、石质灰黑而得名。

**羊角胡同** 山谷名，位于社区西北1800米处。夼内有犹如羊角的弯曲，故名羊角胡同。

**大肚坡** 山谷名，位于羊角胡同东面，因形似人的大肚子而得名。

**石门夼** 山谷名，位于大肚坡东侧，因夼北部有巨石耸立，形似大门，故名石门夼。

**老北墙** 山谷名，位于石门夼东面。夼内有一峭壁，形似一面墙，故名老北墙。

**蜂子夼** 山谷名，位于老北墙东面，因山谷形似黄蜂而得名。

**餐牛顶** 山峰名，位于野鸡夼西北山顶，古时放牛人多在此休息，故名餐牛顶。

**扇子坡** 山坡名，位于原野鸡夼北面，因山坡形似扇子而得名。

**鹰嘴石** 山峰名，位于社区北面山脉东段。因山顶有两块巨石，远望形似鹰嘴，故名鹰嘴石。

**旅游景观**

陶家夼社区山水相依，山石、树木、花草形成众多小巧别致、饶有情趣的自然景观，旅游资源富集，蕴含着丰富的开发潜力。

**蜂窝石** 位于社区北120米处的健身步道边。蜂窝石东西长11米，高12米，形状不规则，因石面高低不平，尤其是西侧，有许多小窝，状若蜂窝，故名蜂窝石。蜂窝石中间镶嵌有一块济南青大

老北墙（2016年） 戚桂庆 摄

蜂子夼（2016年） 戚桂庆 摄

鹰嘴石（2016年） 戚桂庆 摄

蜂窝石（2016 年） 戚桂庆 摄

金蟾石（2016 年） 戚桂庆 摄

属相赴会（2016 年） 戚桂庆 摄

石榴石（2016 年） 戚桂庆 摄

理石，上面阴刻着“蜂窝石”3 个大字，其下方岩石的缝隙里长有一棵碗口粗的本地松，翠绿的枝杈伸展开来，似伸出手臂欢迎来客，故被称为“迎客松”。

**金蟾石** 在蜂窝石西约 30 米处、健身步道北侧，有一块长约 5 米、高约 2 米的黄褐色天然巨石，酷似一只蹲伏在丛林中的蟾蜍，栩栩如生。

**属相赴会** 在金蟾石西约 30 米的半山坡上，有 3 块天然山石，其左上方一块似露出的蛇头，右上方一块像一只大老鼠，下方一块宛如一只肥胖的小猪，因它们都为十二生肖动物，又都似乎向西前行，故名属相赴会。

**石榴石** 在健身步道北侧，有一块天然形成的巨石横卧于道旁，巨石东西长约 5 米，高约 3 米，呈黑褐色，状若籽粒饱满的石榴，因而得名石榴石。

**石林** 在抱山泉水库东北面山坡、健身步道北侧道旁，有一片黄褐色花岗岩，由于岩石裂纹上下垂直，整片花岗岩像稠密的林木挤在一起，又像露出地表的木化石，因此得名石林。整片石林高约 6 米，东西长约 20 米，因山石层褶皱断裂而成。

**老人头石** 石林偏东山顶上有一块高、宽皆 20 余米的裸露岩石，远远望去像一排大小不一、高低错落的人头像镶嵌在岩石中，中间的一块极似老人头像，故名老人头石。

**龟石** 龟石有两处。在北山鹰嘴石处裸露的山石上，几块长近 10 米、宽 2 ～ 3 米、厚 1 米多的巨大山石聚集在一起。西面的一块山石，从西南看形似鹰嘴，名鹰嘴石，从东北看又酷似一只昂头西向的巨龟，又名龟石；其西一块山石亦形似鹰嘴；其东一块石面斑驳，犹如龟甲；龟甲石东面有 3 块山石相靠叠压在一起，形似龟状。另一处龟石在蜂窝石西约 100 米处、健身步道北侧的松林中，由一堆突兀耸立于松林中的黄褐色花岗岩石构成，石堆东西长约 8 米，高约 6 米，约有七八块巨石，其中 3 块交错相叠在一起，宛若一只西行的巨龟，头西尾东。

**猴石** 自抱山泉水库西岸，沿东北—西南向的山谷前行约 1000 米，在山谷西面的山坡上，有一块叠压在岩石上的大石头，远远望去，如同一只短尾猴弓背蹲坐在山岩

石林（2016 年） 王雪燕 摄

老人头石（2016 年） 戚桂庆 摄

鹰嘴峰龟石（2016 年） 戚桂庆 摄

猴石（2016 年） 戚桂庆 摄

蜂窝石西面的龟石（2016 年） 戚桂庆 摄

海马石（2016 年）　　戚桂庆　摄

卧羊石（2016 年）　　戚桂庆　摄

桃花夼（2016 年）　　戚桂庆　摄

上，故名猴石。

**卧羊石**　位于小窑南的山坡上。从抱山泉水库大坝沿健身步道向南前行约 200 米，可见右侧山坡上有一片裸露的岩石，犹如一只巨大的山羊侧卧于山坡上，石羊抬头前视，似欢迎游人前来观景。单看石羊头，又如一只老鹰立在岩石上，惟妙惟肖，令人称奇。

**海马石**　在卧羊石西南约 100 米的山顶上，有一片裸露的岩石，其西北面有一块 2 米多高的直立岩石，岩石上部酷似马头，岩石中下部又如一只海马的躯干，故名海马石。

**桃花夼**　位于抱山泉水库西面一条东北—西南向的山谷内。自抱山泉水库沿山路向里前行约 1000 米，夼内山沟两侧间或有几簇野生的桃树，多则五六株，少则两三株。春暖花开时节，桃花盛开，远远望去，桃花与周围的绿树、野草构成一幅天然的春山桃花绿树图，因此被游人誉为“桃花夼”。

# ◉ 人口

**人口总量** 1951 年 2 月陶家夼村土改确权时，全村户籍人口 97 户、577 人。1985 年，全村户籍人口增至 230 户、770 人。此后，随着户籍管理的逐步放开，陶家夼村外来人口大量增加。至 1995 年村民由农业户口转为非农业户口时，全村户籍人口 566 户、1443 人。1995 年后，外来购房居住人数急剧增加。2001 年，陶家夼撤村设社区，社区总人口 1787 户、6625 人。2016 年，社区总人口 2495 户、7922 人，其中常住人口 2130 户、6019 人，流动人口 271 户、696 人，空挂及其他人口 94 户、1207 人，少数民族 26 人，韩国籍 1 人。

**人口构成** 2016 年，陶家夼社区人口年龄构成为 0 ～ 11 岁 639 人，12 ～ 18 岁 1982 人，19 ～ 35 岁 1678 人，36 ～ 60 岁 2638 人，61 ～ 79 岁 926 人，80 岁以上 59 人。文化构成为小学及以下 2485 人，初中 1491 人，高中 2769 人，大学 1023 人，研究生及以上 154 人。职业构成为企业职工 3976 人，机关事业单位工作人员 1415 人，自由职业者 781 人，无业人员 1750 人，其中教师 367 人、科研人员 451 人。民族构成为汉族 7895 人，满族 6 人，回族 2 人，朝鲜族 18 人。

**姓氏** 2016 年，陶家夼社区居民姓氏有 251 个，人数超过 200 人的有 8 个，分别是王姓 837 人、刘姓 610 人、陶姓 469 人、张姓 464 人、孙姓 347 人、李姓 344 人、丛姓 214 人、姜姓 214 人。

**长寿老人** 截至 2016 年，陶家夼社区最长寿的老人是王锡芝（女），生于 1909 年，逝于 2011 年，享年 102 周岁。2016 年，陶家夼社区有 80 周岁以上长寿老人 59 人，其中 90 周岁以上 12 人。

百岁老人王锡芝（左，2010 年）

2016 年陶家夼社区 90 周岁以上长寿老人一览表

表 1

| 姓　名 | 性　别 | 出生年月日 |
|---|---|---|
| 苗志玉 | 女 | 1919 年 4 月 29 日 |
| 黄秀连 | 女 | 1920 年 11 月 20 日 |
| 陶遵元 | 男 | 1921 年 8 月 17 日 |
| 刘桂花 | 女 | 1922 年 9 月 10 日 |
| 戚桂连 | 女 | 1922 年 11 月 3 日 |
| 陶嘉方 | 男 | 1923 年 7 月 23 日 |
| 王洪英 | 女 | 1924 年 7 月 20 日 |
| 邢礼才 | 男 | 1924 年 11 月 12 日 |
| 刘会珍 | 女 | 1925 年 4 月 3 日 |
| 徐桂珍 | 女 | 1925 年 10 月 7 日 |
| 毕爱珍 | 女 | 1925 年 12 月 8 日 |

# ◉ 社会事业

## 教育

**幼儿园**　1958 年 6 月，为使更多的妇女走出家门，投身到“大跃进”运动中，陶家夼村开始办托儿所、幼儿园，将 1 ～ 3 岁幼儿和 4 ～ 7 岁儿童分别集中到不同的农户家中，安排专人负责照看。1960 年，托儿所、幼儿园停办。1963 年，托儿所、幼儿园季节性恢复，农忙时临时开办，农忙结束后停办。至 1973 年，托儿所、幼儿园没有经过专业培训的保育员和幼儿教师，也没有固定校舍。

1973 年，陶家夼盖起 6 间房屋，正式创办幼儿园。室内设托儿间和大、中班教室，配置小课桌、小椅子和 1 架脚踏风琴；室外设 1 架秋千、1 副跷跷板、1 个用砖和水泥砌成的滑梯。安排两名女知青任专职幼儿教师，按统一教材对儿童进行学前教育。

1991 年 6 月，幼儿园迁至村委会（今居委会）办公楼一楼，设大、中、小班和婴儿班，配备 3 名专职幼儿教师和 2 名保育员，开始规范化管理。1996 年，幼儿园被威海市教委评为市级一类幼儿园。

1997 年，村委会投资 35 万元，在四方路 110 号建立占地 820 平方米的幼儿园。园内设有 220 平方米的教室、80 平方米的活动室、80 平方米的儿童寝室、40 平方米的教师办公室、400 平方米的室外活动场地。投资 15 万元，配套购置 100 多套新桌椅、80

幼儿园孩子们在活动（1958 年）

幼儿园孩子们在学习（2015 年）
刘芳琳　摄

多张幼儿床、1 架钢琴、2 架脚踏风琴和电视机、音响设备、跳跳床、食品保鲜柜、消毒柜、电脑、书柜、文件柜等教学、保育、办公设备，并在室内安装空调（全村最早安装空调的公共场所）和暖气。室外活动场地配备有滑梯、运动跑道、小自行车、电动玩具等设施和设备。1998 年，该园被威海市教委评为市级示范幼儿园。

2016 年，陶家夼幼儿园有大、中、小 3 个班，入园儿童 75 人，专业学校毕业幼儿教师 8 人，开设有英语、珠心算、电子琴、舞蹈等特长班。

**中小学**　1913 年，陶家夼与南竹岛两村联合在显庆寺创办一所新式学堂——养正学校，外聘 5 位先生任教员，村里的学童大都入学学习。1932 年，威海卫管理公署投资兴办的竹岛小学成立，养正学校撤销，师生全部转入竹岛小学。1946 年春，陶家夼村为方便低年级学生就近入学，在村内开办陶家夼村小学，接收一至三年级的学龄儿童 30 人。1948 年，陶家夼村小学并入竹岛完小。1961 年秋，陶家夼村小学再次成立，陶家夼村一至四年级的学童从竹岛小学分离出来，到陶家夼村小学读书。1969 年，小学学制改为五年制，并增设初中班。1970 年，初中班并入竹岛联办中学。1980 年，陶家夼与南竹岛两村在南竹岛河西红房子处联合创办一所小学。1984 年，竹岛街道办事处建中心小学，陶家夼与南竹岛两村联合创办的小学随之并入竹岛街道办事处中心小学。

**升学**　1923—1949 年，陶家夼村先后有 19 人升入中学读书，其中 8 人初中毕业，2 人高中毕业。1951—1965 年，先后有 36 人升入初中读书，30 人升入高中。1949—1967 年，先后有 7 人考入大学。1977—2016 年，先后有 33 人考取普通高等院校，其中考取大专 2 人，本科 31 人，研究生及以上 9 人。（以上数据均不包括外来居民）

### 医疗卫生

**医疗** 清光绪三十年（1904）威海卫有西医医院前，陶家夼村村民患病，或请民间大夫诊治，或求救于巫婆、鬼神。光绪三十年威海卫行政公署在东码头设立大英民医院后，富裕人家有人患病，有时会到大英民医院看西医。

1956 年陶家夼光明高级农业合作社成立后，设立“小药箱”，社员患小伤病时可以在村里找卫生员诊治，患大伤病时则由卫生员帮助联系，到大医院诊治。1969 年 1 月成立村医疗卫生所并实行公费医疗后，村里安排陶俊明任专职赤脚医生、卫生所所长，和卫生员一起负责为社员免费诊治一些小伤病，社员患大伤病时仍到大医院治疗，医疗费全部由集体报销。

2002 年 12 月，威海卫人民医院在陶家夼社区设立社区卫生服务站，为居民提供日常的卫生服务，村医疗卫生所撤销。2003 年 1 月，取消公费医疗，社区中原陶家夼村村民和威海市大川集团有限公司职工全部参加环翠区居民合作医疗。2005 年 8 月，威海市大川集团有限公司职工全部纳入环翠区社会医疗保险体系。参见本志“居民生活·社会保障·医疗保障”。

**卫生防疫** 1932 年春，公立医院第一次到村接种天花疫苗（亦称种牛痘）。1948 年，村民接种天花疫苗和伤寒霍乱混合疫苗。1956 年，陶家夼村设立“小药箱”，由卫生员在卫生防疫站的指导下，按时给不同人群接种疫苗。1969 年 1 月成立村卫生所后，由卫生所的赤脚医生和卫生员，根据卫生防疫部门的要求，为社员和儿童接种疫苗。1982 年

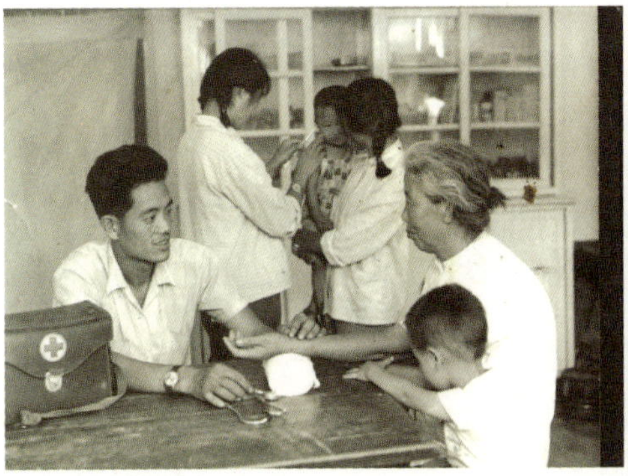

20 世纪 70 年代，赤脚医生陶俊明（左一）为社员看病

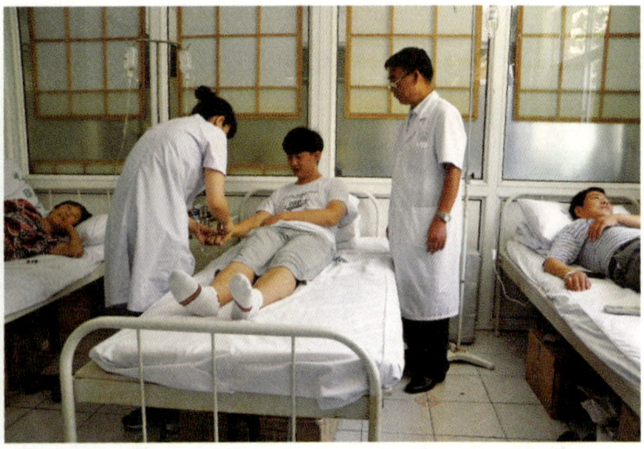

陶家夼社区卫生服务站病房一角（2016 年）

戚桂庆 摄

1955 年，村妇联会会长孙桂兰（右一）到村民家为村民送灭鼠药

1958 年，村里妇女进行大扫除活动

后，7 周岁以下儿童实行计划免疫，免费接种各种相关疫苗。2003 年“非典”时期，陶家夼社区居委会成立防治“非典”工作领导小组，全民总动员，分区负责，落实到户，在全社区范围内落实“非典”防治工作，安全度过“非典”疫期。

**爱国卫生运动** 1952 年，陶家夼村响应威海市政府关于开展爱国卫生运动的号召，开展“八净”“五灭”和“一捕”活动①。1958—1965 年，陶家夼村连年被评为卫生工作先进单位。1960 年，陶家夼村获“全国教育和文化、卫生、体育、新闻方面社会主义建设先进单位”称号。

1978 年，陶家夼村积极响应威海市爱卫会在全市范围内开展以环境卫生为中心、以饮食卫生为重点的爱国卫生运动，村集体建起 6 个大型粪便发酵池，25 户农户在自家院内建起沼气池，112 户农户在自家院内打手压机井。1992 年，村里着手治理陶家夼河南河道，根治弯曲积水、蚊子滋生的问题。1993 年，陶家夼村开始旧村拆迁改造。同年，成立陶家夼物业管理处，将环境卫生工作纳入物业管理中，由物业服务人员每天对公共环境进行定时或不定时清扫整理，对居民生活垃圾进行集中收集、清运。2005 年 5 月，

① “八净”指大人、小孩和室内、院子、街道、厨房、厕所、牲畜圈保持干净；“五灭”指灭蚊、蝇、蚤、虱、臭虫；“一捕”指捕鼠。

陶家夼社区被山东省爱国卫生运动委员会授予“省级卫生村”称号。2007 年，陶家夼社区旧村拆迁完成，道路全部硬化，污水管道全部接通污水处理厂，生活垃圾全部实行分类收集处理，抱山泉水库以下河道全部硬化河底、石砌护岸。2007 年后，社区环境卫生进入常态化管理，确保环境整洁无死角。

## ◉ 村居党政建设

### 中国共产党基层组织

1946 年 3 月，陶家夼第一个党小组成立，时有党员 5 人。党小组成立后，通过农救会、妇救会等群众组织，宣传党的方针政策，发动群众开展土地改革运动。1949 年 3 月，陶家夼村第一届党支部成立。1950 年 5 月党组织公开后，党支部领导群众划分阶级成分，组织互助组，成立初级农业合作社，促进生产发展。1956 年 12 月，第二届党支部成立，党支部领导群众成立高级农业合作社，加入人民公社，发展农业、果业生产，开展爱国卫生运动。1960 年 6 月，陶家夼村获“全国教育和文化、卫生、体育、新闻方面社会主义建设先进单位”称号。1964 年 11 月，第三届党支部成立，与“四清”工作组一起，带领群众开展“四清”运动，整地改土，修整“大寨田”，兴修水利。1967 年 3 月至 1970 年 1 月，受“文化大革命”的影响，党支部被陶家夼村革命委员会取代，停止工作。1970 年 1 月，党支部恢复工作。是年，陶家夼村被评选为山东省“农业学大寨先进单位”。1976 年 7 月，第四届党支部成立，带领群众继续进行农田基本建设，兴办村办工业企业。1981 年 12 月，第五届党支部成立，带领群众大力发展村办工业，走以工业为主导的村域经济发展之路。1989 年 4 月，第六届党支部成立，带领群众在巩固和发展村办工业企业的基础上，成立建筑工程公司，发展建筑业。1991 年 12 月，第七届党支部成立，带领群众在大力发展经济的同时，实施旧村拆迁改造工程，兴建楼房，改造街道，建设便民服务设施，制定物业管理办法，迈开向城市社区发展的步伐。1996 年，陶家夼村党支部获环翠区“先进基层党组织”称号（此后至 2016 年连年获此荣誉称号）。1998 年，陶家夼村获“山东省文明单位”称号，2000 年获“全国城市物业管理优秀住宅小区”“山东省青年文明社区”“山东省思想政治工作先进单位”等称号。2001 年，陶家夼村撤村设社区，成为城市社区，2002 年获“省级社区建设示范单位”“全国青年文明社区”称号。党小组成立后至 2003 年 6 月，陶家夼共发展党员 44 名。2003 年 6 月，陶家社区党总支成立。同年 12 月，陶家夼社区党委成立，党总支、党委组织带领全体党员和群众在进行旧村改造、发展经济的同时，大力发展各项民生事业，建设秋色赋艺术馆、社区服务中心等公共场所，完善便民服务体系，开展精神文明创建活动和文化艺术活动，提高居民素质，全力打造现代宜居城市社区。至 2016 年，陶家夼社区先后获"全国文明村镇""全国优秀全民健身活动点""全国妇联基层组织建设示范社区""省级卫生村""山东省和谐社区建设示范社区""省级绿色社区"等多项国家、山东省授予的荣誉称号。2003 年 6 月至 2016 年，陶家夼社区党总支、党委共发展党员 13 名。2016 年，陶家夼社区党委下设 3 个支部，共有党员 36 名。

**民主制度建设**　1946 年 3 月陶家夼村党小组成立后，由于当时处于秘密活动状态，只能秘密召开党小组会议，研究执行上级党组织的指示。1950 年 5 月党组织公开后，党支部不定期召开党员大会，组织党员学习，经常召开支部会，研究工作，但很少召开民主生活会。1963 年，根据上级党委要求，党支部建立"三会一课"制度，每个月分别召开一次党支部和党小组的民主生活会，每三个月召开一次党员大会，每两个月全体党员上一次党课。1966—1976 年，受"文化大革命"的影响，"三会一课"制度中断。1976 年后，"三会一课"制度恢复。1990 年后，党员大会由党支部根据实际情况随时召开，党支部民主生活会改为半年召开一次，党小组民主生活会每年一次。2003 年 6 月，根据"村改居"后外来离退休党员和外来务工党员增多的情况，陶家夼先后成立社区党总支、党委，对外来党员与本地党员"同教育、同管理、同发展、同使用"，让广大党员带动社区居民积极参与社区建设。2004 年后，陶家夼社区党委通过全体党员大会、党员代表

1976 年生产之余，陶家夼村领导带领社员在田间地头学习

1977 年冬，陶家夼村党支部及工作组在开会学习

2016 年 6 月 29 日，陶家夼社区党员在社区服务中心上"两学一做"专题党课　　王雪燕　摄

大会等形式，制定和完善党员联系群众制度、党员教育培训制度、群众评议党员制度、党风廉政建设制度、党员十带头制度等，党员民主管理制度化、常态化。

每年年底，陶家夼都召开党员民主评议会议，并邀请群众代表参加，由党员和群众对班子成员一年的工作业绩进行评定，将结果公示于众。对群众不满意、工作不称职的党员干部给予批评、教育、调换工作处理。在 2016 年民主评议中，陶家夼党委班子获得 100% 的满意率。

**村政组织**　清光绪二十六年（1900）前，陶家夼村只有陶氏一族在此居住，由族长管理村政事务。光绪二十六年后，由村董负责村里的行政事务。日军侵占威海卫后，由伪保长负责村务管理。1945 年 8 月威海卫解放后，陶家夼村设立村公所，由村长负责管理村政事务。1956 年高级农业合作社成立后，实行村社合一，由农业合作社社长负责村政事务管理工作。1958 年人民公社成立后，高级农业合作社改为人民公社管辖的生产大队，由生产大队委员会行使村政管理权。1967 年 3 月，陶家夼村革命委员会成立，取代村党支部和生产大队委员会，行使村政领导和管理权。1979 年，革命委员会撤销，恢复生产大队委员会，再次由生产大队委员会负责村政事务管理。1984 年，陶家夼村撤销生产大队委员会，改设村民委员会，由村委会负责村政事务。2001 年 9 月陶家夼撤村设社区后，村民委员会改为居民委员会，由居委会负责社区行政事务管理工作。2015 年 6 月威海市环翠区竹岛街道陶家夼经济股份合作社成立后，陶家夼社区居委会主要负责合作社行政事务管理，社区其他政务工作逐步向海源社区居委会移交。

**村委会选举** 1998 年 12 月，陶家夼村根据上级指示，开展村民委员会换届直选，选举村委会主任 1 名、副主任 1 名、委员 3 名。直选前，陶家夼村成立村委会换届选举委员会，利用多种形式，向全体村民广泛宣传《中华人民共和国村民委员会组织法》等法律法规，使村民家喻户晓、人人明白直选的程序和意义，为直选奠定坚实的思想基础。同时，对选民进行登记，并张榜公布，共登记选民 466 人。直选开始后，430 名选民参加选举，其中到场 366 人，委托投票 64 人。先由选民当场直接投票海选出 6 名候选人、4 名监票人、4 名计票人、4 名唱票人，海选结果当场统计并公布；接着，当选候选人先后作村委会主任、村委会副主任竞选演讲；随后，选民当场填票、投票选举。

2001 年陶家夼撤村设社区后，未再进行选举。

**政务公开** 1984 年起，陶家夼村按照上级要求，实行民主管理、民主决策、民主监督和政务公开、财务公开“三民主、两公开”制度。每年通过村民代表大会、党员代表大会、公示栏等形式，向村民公开政务、财务管理情况，接受村民监督。其中，财务收支明细每年公布两次。1986 年 1 月，陶家夼召开第一届村民代表大会，成立村民议事会。此后村（社区）内重大事务决策前，都将相关方案交由村民代表大会（1993 年改为职工代表大会）或议事会审议，审议通过后再由村委会组织实施。实施过程中和结束后，议事会发挥民主监督职能，及时跟踪评议，作出评价。

馨苑园藤廊（2016 年）

# 社区经济

在传统农耕社会，陶家夼这个“山高石头多、出门就爬坡”的小山村，只能在贫困线上徘徊。农业合作化后，陶家夼凝聚集体智慧和力量，走出一条以果业为主导的经济发展之路，成为威海市有名的富裕村，闻名全国的“苹果村”“葡萄夼”。改革开放为陶家夼经济插上腾飞的新翅膀，在发展之路上高歌猛进，为新农村建设和新型社区建设夯实基础。

陶家夼社区历经经济改革大潮，始终在潮海中乘风破浪，奋力远航，『苹果村』、村办工业、楼宇经济、房地产开发，几经更替。

## ◉ 综合经济实力

**果业发展概况** 农业合作化前，陶家夼村由于一家一户独立经营，生产力低下，在“山高石头多、出门就爬坡”的自然条件下，村民只能在“食不饱腹、衣不暖身”贫困中度日。1956 年陶家夼成立光明高级农业合作社后，依靠集体的力量，“向山坡要苹果，向山脚要粮食”，在山坡广植苹果，在山脚整地改土、兴修水利，将昔日贫瘠土地改造成水浇良田，走出一条以果业为支柱的经济发展之路，成为远近闻名的“苹果村”、富裕村。1962 年，陶家夼村集体经济总收入 11.06 万元，村集体积累 1.83 万元，农民人均纯收入 178 元。至 1978 年，陶家夼村集体经济总收入 25 万元，村集体积累 7.32 万元，农民人均纯收入 214 元。

**工商服务业发展概况** 改革开放后，陶家夼村面对农业经济效益低的局面，及时调整经济发展思路，大力发展工业。至 1992 年，先后开办工业、建筑业企业 10 余家，年集体经济总收入 803 万元，村集体积累 84 万元，农民人均纯收入 1788 元。1993 年后，陶家夼村针对交通不便、村办工业规模小、技术力量薄弱、发展后劲不足的实际村情，在实施旧村拆迁改造中，大力发展房地产业和楼宇经济，兴建商品楼、商贸服务业经营网点房和工业园区，用以向社会出售和招商租赁。2005 年，陶家夼社区集体经济总收入 14850 万元，上缴税金 960 万元，集体积累 660 万元。其中，工业收入 7573 万元，占集体经济总收入的 51%；建筑业、房地产业收入 6237 万元，占集体经济总收入的 42%；服务业收入 1040 万元，占集体经济总收入的 7%。2006 年后，陶家夼社区以打造环境优美城市宜居社区为目标，实施“退二进三”战略，集体经济总收入中第二产业占比逐步下降，第三产业占比逐步提升。至 2016 年，陶家夼社区集体经济总收入 25480 万元，上缴税金 1865 万元，集体积累 968 万元，居民人均纯收入 24862 元。其中，工业收入 4320 万元，占集体经济总收入的 16.9%；建筑业、房地产业收入 11280 万元，占集体经济总收入的 44.3%；服务业收入 9880 万元，占集体经济总收入的 38.8%。

2005—2016 年陶家夼社区经济情况一览表

表 2　　单位：万元

| 年份 | 经济总收入 | 其中 | | | 上缴税金 | 集体积累 |
|---|---|---|---|---|---|---|
| | | 工业 | 建筑业、房地产业 | 服务业 | | |
| 2005 | 14850 | 7573 | 6237 | 1040 | 960 | 660 |
| 2006 | 19300 | 9230 | 7720 | 2350 | 1350 | 770 |
| 2007 | 22000 | 10560 | 7920 | 3520 | 945 | 858 |
| 2008 | 20200 | 9600 | 8030 | 2570 | 864 | 707 |
| 2009 | 23360 | 10044 | 8409 | 4907 | 1010 | 747 |
| 2010 | 23400 | 8870 | 8900 | 5630 | 1357 | 842 |
| 2011 | 24200 | 8400 | 7260 | 8540 | 1409 | 847 |
| 2012 | 24380 | 8045 | 6826 | 9509 | 1533 | 926 |
| 2013 | 24690 | 7650 | 6170 | 10870 | 1601 | 973 |
| 2014 | 24880 | 6590 | 7350 | 10940 | 1640 | 896 |
| 2015 | 25140 | 6220 | 9067 | 9853 | 1705 | 980 |
| 2016 | 25480 | 4320 | 11280 | 9880 | 1865 | 968 |

## ◉ 经济体制改革

**经营体制改革**　改革开放后，陶家夼村利用地处威海市郊的优势，由村集体投资，相继办起家用鼓风机厂、氯化钾厂、小纸盒厂等 10 余家工业企业。企业管理人员由村委会任命，每年村委会向企业下达生产指标，确定上交提留任务。企业实行厂长负责制，独立核算，自负盈亏。1993年1月，为整合村办企业资源，发挥村办企业整体优势，以适应市场经济的发展，陶家夼村整合所有村办企业，成立威海市大川实业公司，法人代表陶建军，注册资金315万元。1994年3月，为利用民间资本壮大公司经济实力，在威海市大川实业公司的基础上，吸纳179名村民入股，成立威海市大川股份有限公司，法人代表陶建军，注册资金358万元。其中，村民个人股金65.7万元。1997年4月，为实行集团化、集约化管理和经营，威海市大川股份有限公司将村民个人股金全部返还给村民后，取消村民个人股份，改制成立威海市大川集团有限公司，法人代表陶建军，注册资金1057万元，集团公司下辖建筑工程公司、包装装潢公司、渔业公司、房地产开发公司、物业管理中心、小客车修理厂、工程处等企业，有职工800多人。2003年，将集团公司部分下属企业的集体产权有偿转让给职工或社会人员，改制为民营企业。至2016年，威海市大川集团有限公司下辖威海市大川房地产开发有限公司、威海市大川物业服务中心等企业，有职工59人，固定资产1.24亿元，净资产3980万元。

**集体产权制度改革** 2014年10月，根据威海市环翠区村（居）集体产权制度改革的要求，按照清产核资、审计评估、股东界定、折股量化、股权设置、股权分配、股份合作社注册登记等改革程序，陶家夼社区居委会开始实施集体产权制度改革。

经清产核资和审计评估，至2015年4月30日改革基准日，陶家夼社区居委会净资产为2759.51万元。经界定，2015年4月30日前，陶家夼居委会（威海市大川集团有限公司）退休职工、集团公司在职正式职工（含企业改制时的原始正式职工）、陶家夼居委会（威海市大川集团有限公司）工作过（未工作到退休中途离职）的陶家夼村原籍村民共305人属于集体经济组织成员，符合股东条件。

2015年5月18日，陶家夼制定出台折股量化标准。改革基准日前，陶家夼社区居委会（威海市大川集团有限公司）退休职工和集团公司（含各改制企业单位改制时的原始正式职工）在职正式职工，1～5年（不含5年）工龄持有0.4股，5～10年（不含10年）工龄持有0.6股，10～15年（不含15年）工龄持有0.8股，15年（含15年）以上工龄工作到退休持有1股；在陶家夼社区居委会（威海市大川集团有限公司）工作过，但未工作到退休、中途离职的陶家夼村原籍村民，1～5年（不含5年）工龄持有0.4股，5～10年（不含10年）工龄持有0.6股，10～15年（不含15年）工龄持有0.8股，15年（含15年）以上工龄持有1股。经折股量化、股权设置和股权分配，股本总额2759.51万元设置为集体股本1244.54万元、个人股本1514.97万元，分别占股本总额

2015 年 6 月 3 日，股民在查看股东界定、折股量化方案　王雪燕　摄

2015 年 6 月 17 日，陶家夼召开经济股份合作社创立暨首届股东代表大会　王雪燕　摄

的 45.1%、54.9%，其中个人股本合计折股为 273.4 股，分配给 305 名股东。

2015 年 6 月 17 日，威海市环翠区竹岛街道陶家夼经济股份合作社首届股东代表大会召开，选举产生合作社首届理事会、监事会。6 月 27 日，合作社注册成立，注册资本 1640 万元。至此，陶家夼社区居委会集体产权制度改革完成。

## ◉ 果业

**闻名遐迩的“苹果村”**　陶家夼的先人很早就开始栽植山楂、杏、桃、梨等果树，以增加经济收入。19 世纪末 20 世纪初，受周边一些村庄栽植苹果的影响，部分村民开始建苹果园，栽植苹果。由于不懂技术，管理粗放，果品产量、质量都较低。1937 年，陶遵祜建起 5 亩果园，开始探索苹果的栽培技术。他引进新品种，采用新技术，果品产量、质量都明显提高，收入也大幅增加，远远高于种田收益。村民见此，纷纷效仿。至 1951 年，村里八成的农户都在自家地里栽植苹果树。

1956 年光明高级农业生产合作社成立后，果园全归集体所有，村成立以陶遵祜为技术骨干的果业队，负责果园、果树的管理。1957 年，全村果园面积达 330 亩。1962 年，为扩大粮田，毁掉近 70 亩果园。至 1985 年，果园面积一直维持在 260 ~ 270 亩，占耕地总面积的 50% 以上。那时的陶家夼，村前庄后、山坡上、沟夼里，到处都是苹果树。春天苹果花开时，漫山遍野的花，远远望去，仿佛一片片粉色雾霭弥漫在山间，花丛中，成百上千的蜜蜂嘤嘤嗡嗡，不见劳作的身影，却闻劳作的声音。到了秋天，通红的红玉、金黄的金帅、翠绿的青香蕉等挂满枝头，压弯枝杈，非常诱人，使人常生“摘一个咬一口”的冲动。收获时节，果园里到处是村民忙碌的身影和欢声笑语。陶家夼苹果园面积大，产量高。1956 年，苹果总产量达 7 万千克，1968 年达到 57.5 万千克，突破“百万斤”，1970 年和 1972 年均达到历史最高峰——70 万千克，至 1977 年，一直维持在 50 万千克以上。总产高，亩产也高。1958 年，平均亩产 4500 千克，南山密植丰产园亩产达到 8000 千克，1959 年创下亩产 1.14 万千克的全国单产纪录。陶家夼苹果的外观和口感深得人们的喜爱和赞许。1962 年，陶家夼被威海市果品公司定为苹果出口基地，1971 年被中华全国供销合作总社定为苹果特别供应单位。20 世纪 60 年代至 80 年代，果业是陶家夼村集体支柱产业，在村集体经济中占有较大的比重。至 1980 年，果业收入一直占村集体经济总收入的 80% 以上，是远近闻名的“苹果村”。

随着陶家夼果业的发展，国家和山东省领导多次到陶家夼考察、调研，《人民日报》《解放军画报》《大众日报》《山东画报》等多家新闻媒体对陶家夼果业予以宣传报道，全国各地前往参观学习的人络绎不绝，许多港、澳同胞和海外侨胞也慕名前往参观。至“文化大革命”前夕，陶家夼先后接待 10 余万人次的参观者。1959 年 11 月，时任山东省委第一书记谭启龙到陶家夼考察果业发展情况。1961 年 8 月，山东电影制片厂到陶家夼摄制纪录片《山村新貌》。1962 年，著名作家峻青到陶家夼采访，挥毫写下散文《秋色赋》。1964 年 8 月，时任国家副主席董必武到陶家夼考察。20 世纪 50 年代末到 60 年代初，莱阳农学院把陶家夼作为实习基地，山东省海阳县、五莲县派技术人员到陶家夼系统学习果树管理技术和经验，达 1 年之久。自 20 世纪 60 年代后期起，

1957 年，村民陶云舫在果园喜摘丰收的苹果

20 世纪 70 年代，社员在果库分拣、包装苹果

应商业部和北京、天津、河北、安徽等地及山东省内的部分果品公司、果树指导站、农技站等的要求，陶家夼派出技术骨干前往传授果树栽培与管理技术，前后持续 30 多年。陶遵祜本人更是忙碌，全国各地邀请其前往讲课、指导的应接不暇。从 20 世纪 50 年代初期起，陶遵祜多次应邀到中国农业大学、山东农学院、莱阳农学院等院校授课，到辽宁大连华侨农场、天津四季青农场和红光农场、河北唐山果园、河南古道农场等省内外 120 多家单位讲课，作修剪示范，传授果树栽培与管理技术。

1981 年后，随着村办工业的逐渐兴起，工业收入不断增加，一些果业技术人员不再专心于果业生产，人才大量流失，加之苹果树老化，果品产量、质量大幅下降，果业收入渐次退居第二位。1985 年秋果园承包到户后，由于农户大都不懂果树栽培技术，管理粗放，果业产量下滑加剧，1986 年冬重新收归集体管理。1996 年后，随着建房、修路等建设用地的增加和退耕还林政策的逐步实施，果园面积逐渐减少。至 2016 年，仅余北山 5 亩多的一处果园，成为社区绿化的点缀。

1949—1985 年陶家夼村苹果生产情况一览表

表 3

| 年份 | 果园面积（亩） | 果品总产量（千克） | 年份 | 果园面积（亩） | 果品总产量（千克） |
|---|---|---|---|---|---|
| 1949 | 200 | 40000 | 1968 | 265 | 575000 |
| 1950 | 210 | 45000 | 1969 | 265 | 470000 |
| 1951 | 220 | 50000 | 1970 | 265 | 700000 |
| 1952 | 230 | 55000 | 1971 | 265 | 500000 |
| 1953 | 240 | 57500 | 1972 | 265 | 700000 |
| 1954 | 250 | 60000 | 1973 | 265 | 600000 |
| 1955 | 260 | 65000 | 1974 | 265 | 590000 |
| 1956 | 270 | 70000 | 1975 | 265 | 615000 |
| 1957 | 330 | 75000 | 1976 | 265 | 605000 |
| 1958 | 330 | 85000 | 1977 | 265 | 510000 |
| 1959 | 330 | 155000 | 1978 | 265 | 460000 |
| 1960 | 330 | 65000 | 1979 | 265 | 415000 |
| 1961 | 330 | 80000 | 1980 | 265 | 425000 |
| 1962 | 265 | 180000 | 1981 | 260 | 400000 |
| 1963 | 265 | 295000 | 1982 | 260 | 250000 |
| 1964 | 265 | 320000 | 1983 | 270 | 450000 |
| 1965 | 265 | 210000 | 1984 | 270 | 325000 |
| 1966 | 265 | 450000 | 1985 | 270 | 200000 |
| 1967 | 265 | 375000 | | | |

说明：1985 年后，陶家夼村未再对苹果生产情况进行统计

**“主干疏散分层形”修剪技术** 该技术由陶遵祜创立，1960 年后，在威海市全市推广。

“主干疏散分层形”的特点是把疏散分层定形发展为主干疏散分层，延迟开心，适应树体自然生长规律，骨架承受力大，修剪量轻，结果枝组较容易培养和控制，方便树下管理。具体为：果树主干高 50 ~ 60 厘米，中央主干分 2 ~ 3 层，共 5 ~ 7 个主枝，其中，第一层为 3 个，第二层为 2 个，第三层为 1 ~ 2 个。侧枝 15 ~ 20 个，一、二层间距 80 ~ 100 厘米，二、三层间距 60 ~ 80 厘米。整个树冠呈扁圆形，在充分采光、透气的情况下，最大限度地提高树体的挂果承载能力。对于已定型的成年树和老龄树，修剪原则是去密留稀，去强留弱，去直留斜，强树轻剪，弱树重剪，注意调整结果枝组。

经实践证明，按“主干疏散分层形”修剪的树形结果早，产量可以提高 30% 以上。

**“葡萄夼”美誉传四方** 1937 年前，陶家夼人几乎不栽植葡萄，尤其不在自家院子里栽植，认为栽植葡萄会招蛇，孕妇会怀葡萄胎。陶遵祜不理会这些说法，1937 年建起 5 亩果园后，在山沟、河边、庭院栽植葡萄。在他的精心管理下，葡萄获得丰收，收入增加。一些农户见此，消除了原来的迷信观念，也效仿着栽植葡萄。

1956 年光明高级农业生产合作社成立后，村集体在街道、河边搭起葡萄架，广栽葡萄，村民也在自家院里搭架栽葡萄。村里到处是葡萄，街道变成葡萄廊，河道变成葡萄河，陶家夼变成远近闻名的“葡萄夼”。种植的葡萄品种有巨峰、玫瑰香、金皇后、羊奶子、黑虎香、冬水晶、狮子眼等。1959 年，陶家夼河边的一株占地近 0.1 亩的羊奶子葡萄经过现场采摘称重，株产达到 900 千克。

果业队队员在对果树进行“主干疏散分层形”修剪

20 世纪 50 年代，果业队队员利用冬闲时节搭建葡萄架

搭建在街道两旁的葡萄长廊

20 世纪 90 年代，陶家夼村民在自家门前喜摘丰收的葡萄（1999 年）

1962 年 9 月，著名作家峻青到陶家夼采访后，在其创作的散文《秋色赋》中对当时陶家夼的葡萄胜景进行了生动描述。（参见本志“艺文杂记 · 艺文 ·《秋色赋》”）随着《秋色赋》于 1962 年 10 月 22 日在《人民日报》发表，1979 年被收录于人民教育出版社出版的中学语文课本，陶家夼“葡萄夼”的美誉更加声名远播，传遍四方。

## ◉ 村办工业

**工业发展** 20 世纪 70 年代，威海市大力推广“厂队挂钩、产品扩散”的工业扩散发展模式，很多工厂将部分工序或零部件加工下放给社队。1973 年春，陶家夼村抓住威海市“工业扩散”的机遇，由集体出资 8400 元，购置 1 台 2.0 车床和 1 台牛头刨床，建起以机械加工为主的小机床厂，安排 3 名社员当职工，为威海市塑料一厂、威海市塑料二厂等企业加工机件，当年为村集体创收 2 万元。至 1976 年，累计为村集体创收 23 万元，收益明显高于村里的其他集体经济。小机床厂是陶家夼村第一家现代工业企业，是陶家夼村村办企业的雏形，使陶家夼初次尝到了发展工业的甜头。但由于计划经济的影响，村办工业受到多方面的限制。至 1977 年春，村里才办起第二家村办企业——家用小鼓风机厂。1978 年 8 月，建立了 1 家小型氯化钾肥料厂。

改革开放后，国家允许和鼓励农村自主办企业。至 1982 年，陶家夼村先后建起小纸盒厂、纸箱厂、印刷厂和汽车修理厂，初步构建起工业经济的框架。1982 年，为整合设备资源、节省设备投资，陶家夼村将相关联的小纸盒厂、纸箱厂、印刷厂合并组建威海市包装装潢厂，实施配套生产经营，提高了企业的产值和效益。

1984 年后，陶家夼村利用距离市区近、村集体经济基础雄厚的优势，四面出击，多方联系，引进资金和人才，采取自办、联办的方式，大力发展村办企业，村办工业进入快速发展时期。1984 年建立威海卫罐头厂，1985 年建立威海市时兴服装厂、建筑防水材料厂，1988 年与吉林省三岔子镇林业局联合建立威海市新超家具厂，1989 年建立威海市福威粘合剂厂，1992 年建立威海市环翠区橡塑特种配件厂。至 1992 年年末，全村村办工业企业年完成总收入 803 万元，职工年人均分配达到 1778 元。

1993 年 1 月，为充分发挥村办集体企业的整体优势，提高市场竞争力，陶家夼整合全部村办集体企业，注册成立威海市大川实业公司，注册资金 315 万元，将所有村办企业全部纳入大川实业公司统一管理。同年 6 月和 9 月，先后建立威海市大川针织厂、威

小客车修理厂技工在修理汽车（1996 年）

20 世纪 90 年代的威海大川包装装潢有限公司车间一角（1998 年）　　陶英杰　摄

海市镭射玻璃厂。1994 年，威海市大川实业公司吸纳 179 名村民入股，改制为威海市大川股份有限公司，注册资金 358 万元。1997 年 4 月，威海市大川股份有限公司改制为威海市大川集团有限公司，注册资金 1057 万元。（参见本志“社区经济 · 经济体制改革 · 经营体制改革”）至 2002 年年末，威海市大川集团有限公司实现年收入 9724 万元，职工年人均分配 1.16 万元。

2003 年后，由于技术力量不足、老产品科技含量低、新产品开发缺乏科技人才、劳动力等生产成本逐年上升等因素，陶家夼社区村办工业发展遭遇“瓶颈”，加之威海市在市区范围内实施“退二进三”战略，村办工业进入大规模经营体制改革阶段。将威海市大川集团有限公司下属的工业企业通过股份制或个人买断的形式，有偿转让给企业职工和企业外部的社会人员，改制为民营企业，并将部分影响“退二进三”战略发展的工业企业迁出社区。至 2006 年，威海市大川集团有限公司下属工业企业改制完毕，村办工业企业不再是陶家夼集体经济的支柱。

**企业管理** 1973—1983 年，陶家夼村办工业企业是由陶家夼生产大队集体投资兴办，产权、收益归集体所有，企业盈亏由生产大队负担，企业负责人由生产大队统一委派任命，企业职工由生产大队调派本村社员担任，职工工资以工分的形式在年终与其他产业社员一起统一核算、统一分配。

1984 年后，陶家夼村办工业企业仍由村集体投资兴办，产权、收益仍归集体所有，村委会设 1 名专门分管工业的负责人，负责管理和协调各企业的有关事宜，各企业的负责人、会计、出纳、保管等管理人员由村委会统一任命，村委会每年向各企业下达生产指标、确定上交提留任务。企业内部实行厂长负责制，独立核算，自主招工，自负盈亏，职工工资由各企业根据完成任务情况自行进行年终一次性分配，村委会不再统一核算、统一分配。

1994 年 3 月威海市大川股份有限公司成立后，按照《中华人民共和国公司法》的要求对村办工业企业进行管理。1994 年 3 月至 1997 年 4 月，威海市大川股份有限公司分别按 33%、35%、38%、38% 的比例每年向股民支付股息和分红。

## ◉ 工业园区

**工业一园** 2000 年，陶家夼村党支部、村委会主要负责人跟随威海市环翠区经济考察团到江苏苏州等经济发达地区参观考察后，经村党支部、村委会研究，决定借鉴苏州、昆山等地的做法，建设工业园，“筑巢引凤”，招商引资，发展村域经济。2001 年，陶家夼村在野鸡夼外口处投资 60 万元建成一处占地 1000 平方米的工业园（习称“工业一园”）。园内建有 2 栋钢结构厂房，建筑面积 830 平方米，并配套实现通电、通水、通路、平整土地“三通一平”。招商引进上海夏鑫家具有限公司威海分公司、威海杰琳家纺有限公司 2 家企业入驻。至 2014 年 10 月、11 月，2 家企业先后迁出园区，累计收取厂房租金 96 万元。同年 12 月，工业一园由威海浩瀚星营销策划有限公司全部租赁。至 2016 年，共收取厂房租金 12 万元。

**工业二园** 2003 年，陶家夼社区在取得工业园区建设和管理经验后，借助山东省加快建设胶东半岛制造业基地的机遇，采用边建边招商的方式，在环山路以东的空闲土地上建设占地 7.47 公顷的工业园（习称“工业二园”，与工业一园统称为“大川工业园”）。至 2006 年，工业园全部建成，累计投资 600 多万元。工业二园建有钢混结构和钢结构厂房 14800 平方米，配套实现通电、通水、通路、通气、通信、平整土地“五通一平”。

俯瞰工业二园（2007 年） 肖伟 摄

威海市鹏得利食品有限公司职工在加工月饼（2016 年） 王雪燕 摄

威海罗兰印刷包装有限公司生产车间一角（2015 年） 王雪燕 摄

桥头民营工业园内威海市大川集团有限公司（2016 年）　　　　戚桂庆　摄

先后招商引进威海市鹏得利食品有限公司、威海元商事服装有限公司（韩资企业）、威海泛亚船务服务有限公司等 13 家企业进驻。2009 年，因威海市统一路南延与环山路快速连接线工程征用工业园土地 1.67 公顷和陶家夼实施“退二进三”战略，部分影响宜居社区建设的企业外迁，园区经济逐渐转为以仓储租赁为主。2016 年，园区内驻有威海市鹏得利食品有限公司、威海泛亚船务服务有限公司、威海鸿禹建材有限公司、威海罗兰印刷包装有限公司等 8 家企业。至 2016 年，工业二园累计收取租金 964 万元。

**威海市胶丸厂厂区**　2003 年 12 月，陶家夼社区出资 400 万元买断位于威海十中西面的威海市胶丸厂厂区，将其分别租赁给威海市红太阳彩印有限公司和威海市仁泽抽纱有限责任公司。2007 年威海市红太阳彩印有限公司迁出后，其租赁的厂房转租给威海润华商业有限公司。至 2016 年，该厂区累计收取租金 187 万元。

**桥头民营工业园园区**　2009 年年末，威海市大川集团有限公司实施“走出去”发展战略，投资 600 万元，在威海市环翠区桥头镇（今威海经济技术开发区桥头镇）桥头民营工业园购置土地，建 2 公顷厂区、2400 平方米厂房，作为社区外工业园区。2013 年，租赁给改制后的威海大川包装装潢有限公司使用。至 2016 年，累计收取租金 15 万元。

2016 年大川工业园区在驻企业一览表

表 4

| 企业名称 | 入驻时间 | 主营业务 |
|---|---|---|
| 威海市鹏得利食品有限公司 | 2004 年 | 食品加工 |
| 威海泛亚船务服务有限公司 | 2004 年 | “金桥”轮服务外包业务 |

续表 4

| 企业名称 | 入驻时间 | 主营业务 |
|---|---|---|
| 威海鸿禹建材有限公司 | 2007 年 | 家装建材批发、零售 |
| 威海宏太装饰工程有限公司 | 2008 年 | 家装建材批发、零售 |
| 威海罗兰印刷包装有限公司 | 2008 年 | 印刷、包装材料制造 |
| 威海畅源化纤有限公司 | 2008 年 | 仿真鱼饵加工 |
| 威海大川车辆维修有限公司 | 2011 年 | 车辆维修 |
| 威海浩瀚星营销策划有限公司 | 2013 年 | 酒水、饮料批发 |

## ◉ 楼宇经济

**发展概况** 1993 年后，随着陶家夼村楼宇的不断建设，到陶家夼村购房居住的人急剧增多，居民对餐饮、百货、洗浴、金融、医药等服务业的需求日益增加，村内原有的小百货商店和小吃部等已满足不了居民的需求。1994 年，陶家夼开始在沿街楼宇建设商贸服务业经营网点房，在村内适当位置建设商务楼，对外招商出租，引进一些经营信誉好、产品质量和服务质量高、居民信得过的经营业户，发展以商贸服务业为主的楼宇经济。2006 年后，陆续引进仁义酒店、山东天弘质量检验中心有限公司、威海农商银行、家家悦超市、燕喜堂医药连锁店等企业 40 余家，楼宇经济逐渐成为社区经济发展的支柱。至 2016 年，陶家夼社区共建成经营网点房 1.17 万平方米、商务楼宇 5 栋 6860 平方米。是年内，陶家夼社区实现服务业增加值 3390 万元，利税 659 万元，上缴税金 106 万元。

位于四方路 118-1 号的工业大楼（2016 年） 马洪渠 摄

# ◉ 房地产开发

**概况** 为增加集体经济收入，陶家夼村利用村内尚未规划建设的空闲地，于 1988 年 10 月在四方路 81 号开始建设第一栋住宅商品楼（俗称“陶家夼 1 号楼”），共 8 户、600 平方米；1991 年 11 月，在四方路 84 号建设陶家夼 2 号住宅商品楼，共 20 户、1492 平方米，两栋楼累计实现销售收入 164 万元。

1993 年 11 月，陶家夼村开始实施旧村拆迁改造，同步进行房地产开发。至 1998 年，累计开发建设住宅商品楼 21 栋、858 户、50260 平方米（含拆迁户回迁楼房），经营网点房建筑面积 1400 平方米，向社会销售、租赁，累计实现销售收入 4840 万元。

1998 年后，为规范发展房地产业，陶家夼村房地产开发、销售均由 1997 年 10 月成立的威海市大川房地产开发有限公司具体负责。该公司注册资金 500 万元，开发资质为四级。2005 年，为提高房地产开发能力，注册资金追加至 1000 万元。至 2009 年，先后开发建设住宅楼 32 栋、1074 户、18.2 万平方米（含拆迁户回迁楼房），开发建设经营网点房 10353 平方米，累计实现销售收入 1.71 亿元。2009 年，威海市大川房地产开发有限公司将注册资金追加至 3000 万元。2014 年 12 月 11 日，与威海保利置业公司联合成立威海利川置业有限公司。2015 年 5 月 15 日，出资 1.25 亿元竞买下团结路西 4.47 公顷地块后，按照 2005 年制定的《陶家夼旧村改造详细规划（西区规划及小区调整规划）》，以保利红叶谷为项目名称进行开发建设，总建筑面积约 10 万平方米，地下建筑

正在建设中的四方路 106 号、107 号、109 号住宅楼（1996 年）

面积 2 万平方米，共计建设 8 栋 23 ～ 32 层的高层住宅楼，并配套建设 1 栋 5100 平方米的商用楼、1 所公办普惠型幼儿园、1 处社区餐厅、1 处室内健身休闲会所等辅助设施。同年 6 月 17 日，保利红叶谷项目破土动工。2016 年年末，8 栋住宅楼和商用楼、幼儿园全部封顶并通过验收。

至 2016 年，陶家夼累计开发建设 19 个楼盘、55 栋住宅楼，总建筑面积 24.6 万平方米，累计实现销售收入 2.21 亿元，实现利税 3369 万元，上缴税金 1654 万元。

# 新型社区建设

1993年，陶家夼村党支部、村民委员会带领全村干部群众开始新型社区建设，并探索创建文明村的途径。在基础设施建设上，邀请威海市建筑设计院为其制定《威海市陶家夼村规划设计》，并按照规划设计实施旧村拆迁改造和生态环境建设。在管理上，推行现代物业管理与服务，建立健全公共安全管理体系，开展精神文明创建活动，全力打造环境优美、生态和谐、社会安定、文化丰富、生活便利的幸福宜居城市社区，成为威海市新型社区建设的典范。1998年获山东省精神文明建设委员会授予的“省级文明单位”称号，2005年10月获中央精神文明建设指导委员会授予的“全国文明村镇”称号。

陶家夼新型社区体现在规划超前高端，建设干净整洁，更体现在建设者全心全意的为民情怀，是一部温情贴心的新型社区协奏曲。

## ◉ 规划

1965年前，陶家夼村有无建设规划无考。从建房布局看，是以上、下罗锅桥为中心，按照族系分区域建设，分为下疃、大坟、野鸡夼等不同族系群落。

**山村整体规划** 1965年，“四清”工作组安排人员对陶家夼村的山、水、林、田、路、房屋、学校进行整体规划。规划格局是山顶为树林，山腰为干

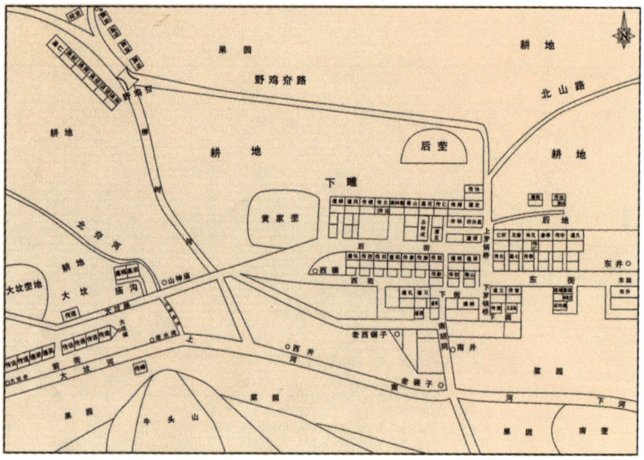


1961年陶家夼村布局示意图

1996 年陶家夼村西区平房原貌　　陶英杰　摄

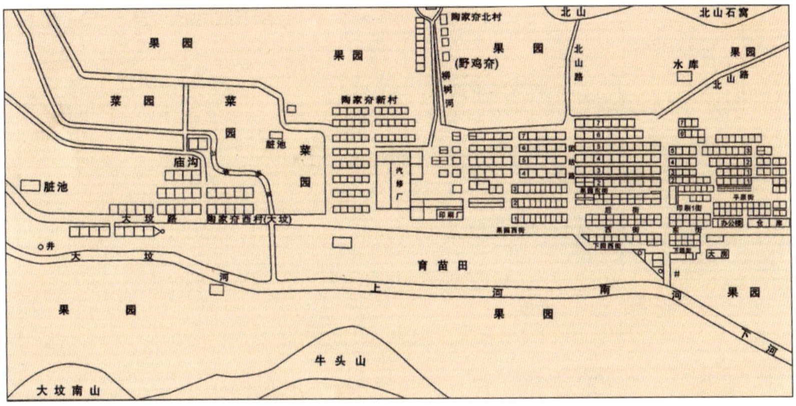


1992 年陶家夼村布局示意图

果林或苹果园，山脚为粮田。当时按照规划修建了丰收水库、陶家夼小学，后因“文化大革命”的影响，规划没有继续实施。

**新村房屋建设规划**　1978 年 11 月，威海市基本建设委员会为陶家夼大队制定新村房屋建设规划。规划在下疃自然村落西建陶家夼新村，新村西建“大寨楼”、幼儿园，新村东建拖拉机站及修配厂，新村内街道规划为宽 11 米的“一纵三横”① 街道。1978—1980 年，按照规划建成 2 排“大寨楼”后，该规划未再实施，仍按村民居住习惯建旧式民房。

**陶家夼村规划设计**　1993 年 7 月，邀请威海市建筑设计院对村庄进行整体规划设计，制定《威海市陶家夼村规划设计》。规划总体原则是将陶家夼改建为居住、工作综合区，功能上满足村民居住、生活、工作、休憩的需要，布局上有利于生产，方便生

---

① “一纵三横”：“一纵”为东西向的四方路；“三横”为南北向的平原路、团结路和安川路。

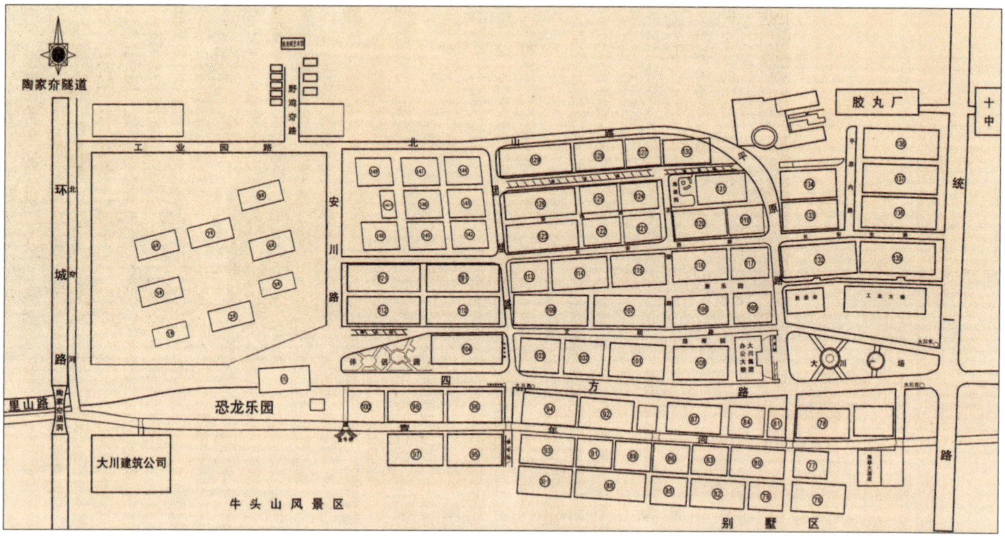


2016 年陶家夼社区布局示意图

活。规划总户数 2471 户，总人口 8650 人；总用地面积 21.57 公顷，其中住宅用地面积 11.24 公顷，公共建筑用地面积 3.47 公顷，道路用地面积 2.65 公顷，公共绿地面积 1.38 公顷，工业用地面积 1.1 公顷，其他用地面积 1.73 公顷；生活建筑总面积 21.05 万平方米，其中住宅建筑总面积 17.3 万平方米，配套建筑面积 1.95 万平方米，非配套建筑面

2011 年陶家夼社区全景图

积 1.8 万平方米，容积率为 1.12，平均每户居住面积 70 平方米；道路为三级布置，一级为宽 18 米的过境公路，二级为宽 12 米的居住区主干道，三级为宽 4 米和 3 米的组团路和甬路；楼房以 6 层为主，标准面积 60 ～ 84.2 平方米，外观为白墙、红瓦；公共、公用配套服务设施包括小学、幼儿园、文化活动中心、医院、老年公寓、百货、饭店、浴池、邮政、储蓄、变电所、煤气调压站、公厕等。绿化采取点、线、面的布局方式，打造成一个“居在山中、人在绿中”的绿化环境，绿化率大于 38%。此外，还对供排水、煤气、暖气、供电、通信电网等市政服务设施作出规划。

2005 年，根据需要对 1993 年的规划进行调整，对团结路以西地块作出具体规划设计，制定《陶家夼旧村改造详细规划（西区规划及小区调整规划）》。调整后的规划为：居住总户数 2764 户，总人数 8844 人；总用地面积 37.20 公顷，其中住宅用地面积 17.11 公顷，公共建筑用地面积 4.46 公顷，公共绿地面积 3.43 公顷，道路、广场用地面积 3.17 公顷，其他用地面积 9.03 公顷，绿地率 40.5%；居住区用地内总建筑面积 34.83 万平方米，容积率 1.24，其中住宅建筑面积 32.29 万平方米，公共建筑建筑面积 2.54 万平方米。团结路西组团规划为：居住区规划总用地面积 7.78 公顷，其中居住区用地面积 7.44 公顷，其他用地面积 0.34 公顷；居住区用地内总建筑面积 10.08 万平方米，容积率 1.36，其中住宅建筑面积 9.80 万平方米，公共建筑建筑面积 0.28 万平方米。

## ◉ 基础设施建设

### 道路修筑与改造

街道修筑与改造　1992 年前，陶家夼村的街道都是土石路，晴天尘土飞扬，雨天泥泞不堪，且只有一条四方路经南竹岛村连通市区公路，村民出行极为不便。为改善村民的居住环境和出行条件，1992 年开始对村域内的道路实施改造，将原有街道进行拓宽、延伸、硬化、绿化、亮化。至 2006 年，形成路面用水泥或沥青硬化、路边用行道树或绿化带绿化的“四纵五横”（东西为纵、南北为横）的街道网。

东西方向的街道主要有 4 条，自南向北依次为四方路、文明路、长安路、北山路。

四方路　陶家夼村的主干道。1992 年陶家夼河向南改道后，在原河道上开辟并修筑长 860 米、宽 12 米的新四方路，直接经南竹岛村连通市区公路——青岛路。1996 年 10 月，四方路铺为柏油路（即沥青混凝土铺面，下同）。

四方路（2016 年）　　戚桂庆　摄

文明路（2016 年）　　戚桂庆　摄

长安路（2016 年）　　戚桂庆　摄

平原路（2016 年）　　戚桂庆　摄

文明路　位于四方路北、陶家夼社区服务中心北侧，东起社区服务中心，西至安川路，全长 470 米，宽 8 米。1992 年 7 月修筑为水泥路，1997 年改铺为柏油路。

长安路　位于文明路北、陶家夼居委会办公楼北侧，东起四方路 135 号楼东端，西至安川路，全长 570 米，宽 7 米。2005 年修筑为水泥路。

北山路　位于四方路 130 号楼北，是健身步道的东段部分，东起荷花湾，与平原路相接，西至野鸡夼路，与工业园路相连，全长 860 米，宽 5 米。2015 年修筑为水泥路。

南北方向的街道主要有 5 条，自东向西依次为平原路、友谊路、团结路、安川路、野鸡夼路。

平原路　位于社区服务中心西侧，北接北山路，南至金牛别墅区，全长 350 米，宽 13 米。2005 年修筑为水泥路。

友谊路　位于果园东街东首，南起四方路，北至四方路 124 号楼东，全长 220 米，宽 6 米。2001 年修筑为水泥路。

团结路　位于果园东、西街之间，北起北山路，南至四方路 95 号楼南，全长 320

团结路（2016 年）　　戚桂庆　摄

野鸡夼路（2009 年）　　肖伟　摄

环山路陶家夼路段（2016 年）　　马洪渠　摄

快速连接枢纽（2016 年）　　马洪渠　摄

米，宽 15 米。1992 年 7 月修筑为水泥路。

安川路　位于果园西街西首，南接四方路，北接北山路，全长 280 米，宽 5 米。2001 年修筑为石板路。

野鸡夼路　位于安川路西北，南起北山路，北至秋色赋艺术馆，全长 260 米，宽 4.5 米。2006 年修筑为水泥路。

**过境道路修筑**　2001 年，威海市按照二级公路标准动工修建石烟线绕城段（习称“环山路”），这是陶家夼第一条过境公路。环山路陶家夼路段（包括陶家夼隧道）全长 1700 余米，宽 15.5 ~ 20 米，双向两车道。其中，陶家夼隧道长 1030 米，净宽 14 米。环山路于 2001 年 3 月开工，2002 年 8 月竣工通车。

2010 年，威海市实施统一路南延与环山路快速连接线工程，陶家夼境内包括红叶谷隧道和一座互通立交桥，路面宽 20 ~ 30 米，双向四车道。其中，红叶谷隧道为双洞分离隧道，东线长 725 米，西线长 745 米，单洞净宽 9.5 米，高 5 米。2013 年 8 月竣工通车。

2010 年 10 月，开工建设青烟威城际铁路，2014 年 8 月竣工通车，这是陶家夼第一

统一南路陶家夼路段（2016 年）　　威桂庆　摄

青烟威城际铁路（2016 年）　　马洪渠　摄

条过境铁路。该铁路陶家夼路段（包括陶家夼隧道）全长 4100 多米，其中陶家夼隧道长 3665 米。

2014 年 3 月，开工修筑统一南路陶家夼路段。该公路自戚家夼隧道至四方路，全长 1870 米，宽 25 ~ 36 米，双向五车道（南向三车道，北向两车道），2015 年 11 月竣工通车。统一南路陶家夼路段是陶家夼第二条过境公路。

**管网与线路改造**　1993 年前，陶家夼村的供电线、电话线、有线广播电视线等都采用依靠电线杆或房屋外墙的方式架设，在街道上空相互交织，形成“蜘蛛网”。村里仅有的一条通往四方路 81 号楼的自来水管道也是沿陶家夼河道露天架设，村民的生活污水、雨水都沿排水沟顺势排入陶家夼河。村内不通燃气、暖气，村民做饭靠烧柴、煤或液化气，冬天取暖主要靠煤炉，不但有碍村容村貌，而且污染环境。

1993 年后，陶家夼村在实施旧村拆迁改造过程中，按照《威海市陶家夼村规划设计》，对全村供排水、燃气、暖气、供电、通信等市政服务设施进行综合、统一改造安装。在建设楼房和修整街道时，同步在地下分别铺设供电、通信、供水、排（雨）水、排污、供气、供暖管道。将供电电缆、通信网线纳入地下管网，消除空中的“蜘蛛网”；将生活污水和雨水排水管道分离铺设，居民的生活污水接入威海市污水处理厂主管网，雨水沿地下排（雨）水管道排入陶家夼河，实现生活污水与雨水分离排放；将自来水、供暖、供气管道接通威海市市政主管网，让村民用上自来水、燃气和暖气。至 2012 年，全部改造建设完毕，在威海市农村中率先实现将所有管网与线路纳入地下并联通市政主管网，改善了村民生活条件和村容村貌，减少了环境污染。

2012 年后，陶家夼社区楼宇建设和市政建设按照威海市市政建设要求，配套铺设供电、通信、供水、排（雨）水、排污、供气、供暖管道，并接通威海市市政主管网。

至2016年，陶家夼社区铺设供电管道约4400米、通信管道（包括联通网络、广电宽带网络）约9800米、供水管道约4500米、排（雨）水管道约4500米、排污管道约4500米、供气管道约4400米、供暖管道4400米。

**社区服务中心** 陶家夼社区服务中心位于四方路118-1号，占地4333平方米，总建筑面积3853平方米，2011年5月建成并投入使用，总投资2200万元，是一座面向居民“一站式”服务的综合性、多功能5层大楼。

一楼是“一站式”综合性、多功能服务大厅。大厅北面是服务台，海源社区居委会的工作人员可为居民办理党员服务、综合治理、劳动保障、退休管理、暂住人口管理等九大类17项社区服务事宜。 南面设有展示社区形象的文化墙，墙上有中央、省、市、区各级领导到社区考察的照片，社区居民参加各类活动的照片，群众工作基本原则、服务规范及社区服务岗位职责等制度的展板。西面设有社区网格化服务管理划分示意图，展示每个网格的管理服务体系。

二楼是居民活动中心和警务室。

活动中心设有器乐室、排练室、健身房、“三点半”乐园等，配备有10余种乐器和8种12台（套）健身器材及音响、空调、化妆镜等设备。社区居民在这里可以进行舞蹈、歌唱等文艺活动排练，戏剧票友演唱交流，室内健身活动。每天下午三点半后，小学生可以在这里写作业和参加免费的课外辅导。

警务室设有治安监控室、矛盾调解室等。社区警务人员在治安监控室内通过安装在辖区各个关键部位的360° 旋转摄像探头，全面监视辖区安保状况。

三楼设有书画室、球类活动室、党建服务中心、社会组织办公室、威（海）台

陶家夼社区服务中心（2016年） 戚桂庆 摄

社区工作人员为社区居民办理退休资格认证（2016年） 张冠华 摄

2014 年 10 月 8 日，外国友人在器乐室向正在排练的社区居民学习中国民族乐器演奏　　王雪燕　摄

警务人员在通过监控网络察看社区安保状况（2016 年）
戚桂庆　摄

2012 年 4 月 28 日，社区居民在球类活动室活动
刘芳琳　摄

2014 年 3 月 6 日，社区居民在球类活动室活动
刘芳琳　摄

（湾）社区交流展室等。

书画室是开展社区内外书画交流和辅导活动的主要场所。室内除了分批、分期展出社区居民的书画作品和国内外名家名作外，还收藏有部分书画作品，有社区画家陶俊祯的油画《历史遗貌》、威海画家牟华军的油画《南瓜图》，朝鲜人民艺术家金成银的油画《浪》《绿山水》《红树叶》、中国书法家协会名誉主席张海为秋色赋艺术馆题写的馆名书法手迹。

书画廊一角（2016 年）　　戚桂庆　摄

图书室（2013 年）　　刘芳琳　摄

2014 年 10 月 8 日，外国友人在妇女之家参观社区妇女手工作品展
王雪燕　摄

球类活动室设有 4 台疯狂投篮机和 2 套沙狐球、1 套乒乓球、2 套台球活动器材，居民可以在这里进行室内球类娱乐或比赛活动。

党建服务中心和社会组织办公室是社区党建、社会活动的中心阵地，集中展示陶家夼社区党委、居委会开展党建及社会活动工作的有关情况。

走廊设为书画廊，两边悬挂和陈列着社区居民和威海居民的书画作品，有社区居民柏荣春的书法作品《静坐观心》《卧龙怀德》和孙良起的书法作品《人民解放军占领南京》，有曾在社区生活过的中国书法家协会会员、山东省美术家协会会员、威海市书法家协会名誉主席于春建的书法作品《宋诗三首》和山东省书法家协会会员、山东省美术家协会会员贾宪悟的书法作品《智者能远》。

四楼设有图书室、阅览室、档案室、妇女之家、领航者创客咖啡室、创业实训室等。

图书室也是社区电子书籍阅览室，藏有各类图书 3000 余册。室内配置 7 台电脑，供读者查询、阅读图书和资料。

阅览室内配备 5 套桌椅，供阅览者使用。收藏有社区 24 卷老照片档案，悬挂展示部分威海老照片、陶家夼村第一所幼儿园照片、陶家夼村社员劳动场景照片等。

妇女之家内设家庭教育中心、妇女维权站、读书阅览区、温馨情感区、才艺展示区 5 个功能区，可为社区妇女提供教育、维权、保健、帮扶、才艺展示等多方面的服务。其中，才艺展示区展示着社区妇女的面塑、剪纸、布艺、绣花、草编等手工作品。

领航者创客咖啡室是为早期创业者搭建的一个具有共享办公、经验分享、市场拓

2011 年 9 月 27 日，威海市民政局在会演中心举办“迎国庆暨十佳和谐社区颁奖晚会”

展、项目对接“一站式”服务的创新型孵化平台。内有威海创业大学公示的创业公告，导引创客如何找资金、找项目、找团队，启发大众开拓进取、创业创新。创业实训室是陶家夼社区与北京华普亿方软件科技有限公司联合共建的创客空间，可对创客进行创业实践模拟训练。

走廊设为绘画廊，两边墙壁上悬挂着社区内外部分画家的绘画作品，如社区居民陶遵和的绘画作品《紫气催春》，地上陈列着两幅社区居民于兆东于 2011 年从不同角度拍摄的社区全景巨幅照片。

五楼是社区会演中心，由可容纳 220 人的多功能会议室、化妆室、更衣室、接待室组成。走廊为剪纸廊，悬挂着社区居民陶晓宁等人的剪纸作品。

**活动场地及器材**

1997 年起，陶家夼在旧村拆迁改造中，随着旧房拆除和新楼房建设，配套建设健身场地，并配备安装了一些健身器材，为社区居民健身提供了便利。至 2016 年，陶家夼社区建有室外健身场地 9 处 4000 余平方米、室内健身场所 2 处近 300 平方米，其中文化体育综合广场 1 处、篮球场 2 处、门球场 1 处。场地配备安装健身路径、篮球架、乒乓球台等健身器材 60 余台（套），每天到各个健身场所健身活动的居民多达 1000 余人次。

**健身步道** 陶家夼社区环境优美，是人们休闲健身的好去处，陶家夼和周边社区的居民都喜欢在清晨和节假日到周围的山上健身或进行户外活动。2005 年 9 月，陶家夼

社区老年居民在门球场打门球（2016 年） 马洪渠 摄

健身步道黑石硼沟段（2016 年） 戚桂庆 摄

晨练（2016 年） 戚桂庆 摄

被国家体育总局授予“全国优秀全民健身活动点”。2007—2009 年，为了方便居民休闲健身，陶家夼社区居委会累计投资 89 万元，将原有的森林防火通道进行拓宽、延伸改造，将陶家夼的 23 条山谷全部联通，打造成集森林防火和休闲健身为一体的健身步道，全长 24 千米，宽 4 ~ 6 米。健身步道原为一条完整的通道网，后因修筑环山路和城际铁路等中断，被分成东、西两部分。东部自平原路与北山路相接处的荷花湾起，向西、北、东盘旋至后花园健身广场后，向东延伸至北山东麓；向西沿北山路至野鸡夼路后通往北夼各夼。西部自环山路涵洞起，沿陶家夼河岸溯流而上，经马铺北至竹林公墓后，分别向西北蜿蜒通往葛子夼，向西南逶迤通往仙姑后堂，向南经抱山泉水库大堤绵延通往小窑南，联通南夼各夼。2011—2013 年，为提升健身步道的质量，累计投资 68 万元，对健身步道进行升级改造。本着尽量保持原始生态的原则，对深谷外长 8 千米、宽 5 米的路段进行水泥硬化，沿途增设健身广场、林中公园等人文景观，在陶家夼河岸栽植柳树、松柏等绿化美化苗木，在南夼硬化路段利用废旧人行道砖砌筑仿古城墙，形成“长城”景观。

健身步道升级改造后，串联了陶家夼社区周边的绝大部分自然和人文景观，吸引力进一步增强，前往步道休闲健身的居民大大增加。清晨，东部步道上，人们三三两两，或漫步，或疾走，络绎不绝；后花园健身广场中，有的人在健身器械上锻炼，有的人在空地舞剑弄刀、打拳推手；寿石公园内，有打拳练武的，有高歌练嗓的，有驻足远眺的。节假日，户外活动爱好者结伴至南夼，或入深谷寻奇探幽，或登高山俯瞰美景，或循步道游览健身，或游“长城”触景怀古。

**文体活动广场** 位于社区服务中心东面，紧连中心正门，2011 年 5 月随社区服务中心一起建成并投入使用，面积 4680 平方米。广场用抛光大理石方砖铺砌，东、南两边的 6 基照明灯，与四方路、统一南路的路灯一起为居民夜间活动提供照明；北边摆放着连排椅和石凳，供居民休憩用。文体活动广场是陶家夼社区居民户外健身和文体活动的主要场所之一，也是社区举办庆“七一”文艺演出、夏季广场纳凉晚会等户外活动的主场地。

**后花园健身广场** 位于社区北 100 多米处的北山山腰，原为一座废弃的采石场，2015 年整修为占地约 1000 平方米的健身广场。广场北依采石形成的高大石崖，崖下自然生长的刺槐树、榆树、松树等树木，与人工栽植的松柏形成一条防护绿化带；东面陡崖下栽植的爬山虎爬满崖壁；西侧裸露的岩壁上有一条粗 5 厘米、长 6 米的汉白玉石线，酷似一条银蛇在草木石缝间穿行；南边石台下的路边零落地栽植着几株杜鹃。广场北高南低，北部为石砌高台，高台上有健身器材；南部为土石地面广场，其北侧立有汉白玉雕塑《伴侣》《祖国的花朵》和墨玉石雕塑《起点》，周围放置几墩石凳供人们活动后小憩，广场南侧立有汉白玉雕塑《飘逸》，透过雕塑中空看路边的杜鹃，宛如一幅镜中画。站在广场南侧南望，陶家夼社区一览无余，尽收眼底。

**寿石公园** 位于后花园健身广场西北约 100 米处，修建于 2016 年，占地约 1200 平方米。寿石公园背依青山，山上松树、柞树、槐树、榆树郁郁葱葱，南面可俯瞰陶家夼社区的美丽景色。整个公园由高低错落的 3 个小广场组成，面积约 670 平方米。北部广场北边有一块花岗岩“寿”石。石高 3 米，宽 2.7 米，中间刻有高 1.2 米、宽 0.6 米的行书“寿”字，阴刻，涂红。南部广场南侧是一个小巧玲珑的山林防火值班房，广场中栽

2015 年 5 月 26 日，竹岛街道在文体活动广场举行广场舞大赛　王雪燕　摄

后花园健身广场一角（2016 年）　戚桂庆　摄

寿石（2016 年） 戚桂庆 摄

寿石公园南部广场（2016 年） 戚桂庆 摄

植着桃、杏、樱桃、无花果等，放置有天然石块做成的石桌、石凳等。东部广场内植有松、杏、无花果等绿化、美化苗木。

## 链接：迅速崛起的“花园式新村”——陶家夼[①]

威海市环翠区竹岛办事处陶家夼村在加快经济发展的同时，认真抓好精神文明建设。在短短的几年，村容、村貌和社会治安综合治理发生了显著变化，被威海市和环翠区授予“安全文明小区”和“十佳文明村（居委会）”称号。

陶家夼村地处城乡结合部，前几年村里打架斗殴严重，歪风邪气横行，经济也不景气。1991 年新的党支部成立后，加大了改革力度，加快了经济发展，对全村经济实行企业化管理，成立了“大川实业股份有限公司”，先后投资 650 万元发展工副业项目，新上了两条 185 马力远洋捕捞船，成立了捕捞公司、建筑公司、园艺场等，扩大发展了包装装潢厂、汽修厂等十几家企业。在此基础上又成立了市级“大川集团公司”。1997 年全村经济总收入 6000 多万元，人均纯收入 18450 元，一跃成为

① 原载 1998 年 5 月 24 日《工人日报》。

全市有名的富裕村。

雄厚的物质基础为精神文明建设打下了坚实的基础。几年来，这个村共投资2800万元，拆迁旧房1200间，40%的村民住上了宽敞的新楼房。他们还投资180万元，对全村街道全部硬化绿化，修建了3000平方米的大川广场，1800平方米的街心花园，营造了6800平方米的草坪绿地等。还投资200万元建起了党员综合活动室、老年人之家、影视放像厅、篮球场等，使陶家夼成为远近（文明）[闻名]的"花园式新村"。

这村还十分重视抓好社会治安工作，花15万元购买了对讲机、摩托车，安装了程控电话，设置了110报警点，在每个楼洞都设有警示标志。其次是加强治安防范网络建设，进行规范化管理，有效地的制止了刑事案件和重大治安案件的发生，连续6年被市、区评为"社会治安综合治理先进单位"。

优越的地理位置，便利的交通，优美的环境，良好的秩序，优质的服务和严格的管理，吸引了不少外来人员来此安家落户，仅韩国、[中国]香港、俄罗斯等地的侨胞和客商就有23户在这里买房居住，他们高兴地说："这里文明安全，我们相中了这块风水宝地。"

## 链接：陶家夼村新来秋色迷人眼[①]

到陶家夼村采访之前，记者头脑里想象的陶家夼仍是作家峻青笔下的那个幽美的小山村：村庄整个笼罩在绿色的葡萄架下，一串串淡绿色、紫红色、米黄色的葡萄，亮晶晶的挂满了大街的两旁和上空，男人们在这葡萄架下吃饭乘凉，妇女们则在葡萄架下做针线活儿……真的来到陶家夼，眼前的一切却又很难让我们与印象中的乡村联系：一座座红瓦白墙的公寓楼依山势错落有致的镶嵌在半山坡上，每座楼之间都有大片的绿地花园，处处芳草茵茵、姹紫嫣红，与干净整洁的威海市区相比，有过之而无不及。但这确确实实是如今的陶家夼！

① 作者：高峰、罗健，原载1999年9月24日《农村大众》。

改革开放以后，特别是进入九十年代以来，陶家夼人的高效经济意识开始觉醒，他们利用地处市郊的优势，率先搞起了土地开发。他们成立了自己的建筑公司和开发公司，在改造旧村舍的同时，也建立起了一座座现代化的公寓和别墅。原来每亩年利润不足千元的土地，被每年几十万元利润的房地产所取代。村民在搬进新居的同时，也使集体第一次有了高出农业利润几十倍的资金积累。精明的陶家夼人利用这些资金开始发展多元化微型企业，小型汽车修理厂、无污染的纸箱包装厂、花卉园艺场、两艘中型渔船组成的捕捞队等 10 多个企业的上马，不仅形成了陶家夼经济发展的强大合力，而且使全村适龄村民全部有了活干。

富裕起来的陶家夼人没有仅仅停留在物质的享受上，他们投入巨资搞起了村容村貌的规划建设。与 20 年前山道泥泞、草屋稀落的景象相比，如今的陶家夼不仅建起了威海市第一个山村绿地广场，竖起了只有都市中心广场才有的巨型高杆灯，而且将两个公共汽车交通站点引入了村内笔直的柏油马路上。陶家夼住宅小区成为城里人购房的重要选择地之一。陶家夼居委会为此建起了社区物业管理公司，为居民提供规范服务。优美的环境、良好的治安、严格的管理，也吸引了许多外国人前来购房居住。目前，已有 32 户“洋居民”入住陶家夼。

告别了昔日“面朝黄土背朝天，一把锄头一把镰”传统劳作模式的陶家夼村民，也同城里人一样上班下班，开始追求丰富多彩的精神文化生活，村民陶遵和家的前厅里，摆满了各种各样的奇石和根雕，这些奇石和根雕在省内艺术展览会上多次获奖，陶遵和老人还被联合国教科文组织授予“民间工艺美术家”称号。在陶家夼，类似陶遵和这样的特色家庭还有许多，像藏书之家、音乐之家、剪纸之家、电脑之家等等。陶家夼村还相继建起了图书室、篮球场、游艺室等文体设施，群众自发的文化体育活动更是如火如荼。前不久，陶家夼荣获了“全国创建精神文明先进单位”的荣誉称号，成为全国屈指可数的文明村。

在陶家夼村的西边，部分村民仍住在红砖瓦房内，在这里，我们终于依稀看到了当年峻青笔下陶家夼的影子。每家的院内院外都种满了葡萄、枣树、山楂等各种果树，红艳艳的山楂、绿莹莹的枣、紫嘟嘟的葡萄挂满枝头，使人油然想起了那个逝去的年代。登上村边的北山上远眺，东边的大海一望无际，山脚下的陶家夼村里的红瓦、绿地在蓝天的辉映下，分外美丽；南山上苹果园里的果子也熟了，远远地飘来了沁人心脾的清香。（要是峻青先生在世），他又怎能不说这是一派更令人喜爱的秋色呢！

## 生态环境建设

### 住宅小区园林化

1993 年，陶家夼村开始实施旧村拆迁改造，在建设楼房的同时，对楼宇间空地和道路因地制宜进行绿化、美化和亮化。1998 年 7 月，陶家夼村获威海市妇联授予的“威海市绿化美化特色楼群”称号。2005 年 9 月，陶家夼社区获威海市建设委员会授予的“市级花园式小区”称号。至 2016 年，累计投资 568 万元，建成花园、绿地 23 处，安装路灯 90 多基、花园照明灯 23 基，实现住宅小区园林化。

2005 年 9 月获“市级花园式小区”称号

康乐园（2016 年）　　戚桂庆　摄

放置在馨苑园内的雕塑《母女共读》（2016 年）
戚桂庆　摄

**康乐园** 位于四方路 116 号楼和 117 号楼前，因园内设有健身活动场地而得名。该园于 1997 年建成，四周栽植冬青、龙柏，形成环绕绿墙，园内栽植龙爪槐、雪松、月季等绿化、美化苗木和花卉，并植有三叶草草坪。康乐园东部和西部绿树间布置着吊环、高低杠、压腿器、仰卧起坐平台、太空漫步机等健身器材；中部是 2011 年投资 23 万元建设的 500 多平方米的门球场，场内东边空地放有 2 个户外乒乓球台和 4 张连椅，场地护栏外 4 角各安装 1 基照明灯。

**馨苑园** 位于四方路 134 号楼前，因园内有一尊汉白玉雕塑《母女共读》而得名。园内栽植翠竹、火棘、松柏、冬青等绿化苗木和月季等花卉，植有草坪，一条石铺甬道蜿蜒穿行其间。馨苑园西部、甬道南面放置一六角石桌，桌子周围摆放着 6 个鼓形石凳，供居民围坐小憩；中部、甬道北面为雕塑《母女共读》：母女温馨地相依坐在一起，共读一本书，神情专注而又安详；东部、甬道南面建木质藤廊，藤廊内外用木条铺地，有健身器材和连椅，供居民健身、休憩。

**长安水杉林** 位于长安路南边，因路而得名。长安路东段和西段路南相间栽植法桐和松柏作为行道树，而中部路段路南相间栽植水杉与松柏作为行道树。一字排开的 30 株水杉树，高 20 余米，健峭峻拔，成为长安路上一道靓丽的风景线。

**益寿园** 位于四方路 103 号楼至 108 号楼后、文明路南，因园内有“寿”字石碑而

长安路上的水杉林（2016 年）
戚桂庆 摄

葡萄廊（2016 年）
戚桂庆 摄

益寿园（2016 年） 戚桂庆 摄

三岔桥（2016 年） 戚桂庆 摄

得名，于 1996 年投资 26 万元兴建。整个花园东西长约 150 米，南北宽 10 ~ 20 米，东宽西窄。花园四周植有冬青围墙，园内栽植竹子、雪松、塔松、龙柏、龙爪槐、剑麻、月季等园林景观植物，树木高大葱郁，绿竹苍翠浓郁，月季鲜红艳丽。林下为行道砖铺就的林间甬道。

益寿园东部、四方路 108 号楼后为健身场地，苗木间立一块《寿——中华千秋》石碑，并有肋木架、太极推揉器、骑马机、仰卧起坐平台、立式旋转器、太空漫步机、腰背按摩器等健身器材，配备着石桌、石凳等。场地西边有一眼古井，井边为一尊海豚石雕。场地以西为 3 个园林区，区内树木间放置着《攻读——书山有路勤为径，学海无涯苦作舟》《武——南拳北腿》《爱——母子情深》等雕塑。

**葡萄河** 2002 年，为再现《秋色赋》中“葡萄河”的景观，陶家夼社区在东起四方路 92-1 号楼东、西至四方路 100 号楼西的陶家夼河河道上，凌空用角铁架起葡萄架，在河边栽植葡萄。夏至，葡萄蔓爬满铁架，形成葡萄长廊，廊上鸟雀隐栖，啾啾鸣叫，廊下河水潺潺流淌，流水声与鸟鸣声相互唱和；秋来，一串串淡绿色、紫红色的葡萄挂满廊架，姑娘们在葡萄架下浣洗衣裳，葡萄和姑娘们的身影一起倒映在清澈的河水中，形成一幅生动的葡萄河浣洗图。

**三岔桥** 位于四方路 100 号楼西的陶家夼河道上，东接葡萄廊西端，为一座威海罕见的三岔拱桥。桥身用钢筋混凝土修筑，外贴大理石，桥面台阶为石砌，桥面用鹅卵石铺就。桥北栽植着一片银杏林；桥南是一个三角小园林，园内栽植白松、龙柏、杏树，树下放置石凳，铺设小甬道，甬道蜿蜒，曲径通幽。桥下河水清澈，流水淙淙，时有桥南牛头山上的野鸡飞落啄水。

**抱山泉水库** 位于陶家夼社区西部、陶家夼河上游，原为 1966 年 5 月建成的丰收水库，2012 年扩建为库容 15 万立方米的小（2）型水库后，更名为抱山泉水库。水库东面堤坝的北部有四孔泄洪闸与陶家夼河相连，坝顶为水泥路面，是健身步道的组成部分，堤坝内侧用石板铺砌加固，外侧栽植大花金鸡菊、五叶藤等景观植物。夏天，大花金鸡菊盛开，宛如一匹金黄的绸缎铺在大坝上；秋后，百草凋敝，五叶藤如蓝莓般的果实格外诱人。站在堤坝上西望，微波荡漾，波光粼粼，周围的青山绿树倒映在水中，水光山色，令人心旷神怡；东眺，可尽观城际铁路和环山路上车辆穿梭，社区高楼鳞次栉比，威海湾水天相接。水库南岸原有一片梨园，废弃后，梨树自然生长，梨花盛开时，犹如雪花铺满岸边。西岸健身步道路边，有一片古柿林，内有 8 株古柿树，树干、树枝黝黑虬曲，刀割之痕历历在目，向人们展示着柿树不凡的经历，虽然树龄都在 50 年以上，但仍旧枝叶繁茂，果实累累，令人感慨万千而生敬意。

**荷花湾** 位于陶家夼社区平原生活小区北侧的山坡上，紧挨健身步道起点。2005 年，为防止汛期山上的雨水夹带着泥石直接冲入生活小区，在此开挖了一个缓冲沉淀池，后因雨水蓄积而形成池塘。池塘面积约 800 平方米，长方形。四周岸边植有雪松、龙柏、竹子和大花金鸡菊等绿化、美化苗木，池内种有荷花、睡莲、野生蒲草、芦苇及叫不上名字的水草。池塘北岸，一块近 2 米多长、状如龙头的乌青石延伸入水中，与北岸水位线下岸坡相连，犹如一条栩栩如生的游龙，龙头前方一块乌青石又恰似一只乌龟浮游于水面，二者相映成趣，构成一幅绝妙的“游龙戏龟图”。夏初，池中荷箭亭亭，荷叶托珠，洁白的睡莲盈盈绽放，时有蜻蜓嬉戏于水面或停驻于荷箭之上；夏秋之季，池水上涨，蒲草和芦苇在水中随风摇曳，近岸边水中偶尔可见一些野生的鱼虾沉浮游走，似

抱山泉水库西岸的古柿林（2016 年）　　　　戚桂庆　摄

荷花湾（2016 年） 戚桂庆 摄

与莲叶、水草嬉戏，雨后的夜晚，蛙鸣此起彼伏；晚秋，蒲棒挺立，芦苇吐穗，芦花微垂，别有一番情趣。

**恐龙乐园** 位于保利红叶谷住宅小区前的四方路南，占地约 3200 平方米，是一处由恐龙互动区、恐龙科普区、儿童游乐园、绿化景观带组成的恐龙主题乐园。

恐龙乐园内，东部是恐龙互动区和恐龙科普区。科普区东面有一条长约 20 米、高约 8 米的梁龙，龙尾处有一枚巨大的恐龙蛋；中间是一条长 12 米、高约 2 米的霸王恐龙；西面有一条慈母龙和一堆恐龙蛋，其中一枚蛋中的小恐龙破壳欲出，慈母龙北边是一条手捧恐龙蛋正在偷蛋的恐龙。这些恐龙模型都会摇头摆尾和鸣叫，每个恐龙模型边都立有一块关于该种恐龙的科普知识牌，使游览者在与恐龙互动的同时，了解恐龙的有关知识。恐龙互动区西是儿童乐园区，园区内有长颈鹿母子亲昵造型的雕塑、儿童城堡、滑

恐龙乐园（2016 年） 戚桂庆 摄

窃蛋龙与恐龙蛋（2016 年） 戚桂庆 摄

拆迁前的旧房屋（2006 年）　　肖伟　摄

梯、淘气堡、沙坑等，供家长带孩子游乐。恐龙乐园内栽植金枝女贞、紫叶李、紫薇、海棠、黄金柳、皂荚、五角枫、红枫、紫藤、桃树、杏树等园林景观植物，并随景布置假山、铁桥、藤廊，形成绿化景观带。

恐龙乐园外，南边有陶家夼河自西向东潺潺流过，河南岸是绿树葱葱的牛头山，山水相依，景致宜人。

## ◉ 拆迁安置

1992 年后，随着城市化进程加快，为节约用地，陶家夼决定停止建设平房，改建楼房，当年在四方路南、陶家夼河北岸兴建 4 栋楼房。1993 年 2 月，陶家夼村召开第一届职工代表大会（之前两届为村民代表大会），制定并通过《陶家夼拆迁改造办法》，决定对旧村进行分期、分批拆迁改造。是年 11 月，按照威海市建筑设计院制定的《威海市陶家夼村规划设计》，开始实施旧村拆迁改造。当年，分两批拆除 12 户民房，兴建 4

2009 年拆迁安置完毕后，陶家夼村村民全部住上宽敞明亮的楼房（2011 年）　　于兆东　摄

栋楼房。1994 年，首批新建楼房竣工。是年 11 月开始对拆迁户进行回迁安置，当年安置回迁户 24 户。拆迁安置过程中，为确保拆迁安置户的利益和拆迁改造工程的顺利实施，多次根据形势的发展，经职工代表大会审议通过，对拆迁安置方案进行适当调整。至 2007 年 9 月，历经 18 批拆迁，陶家夼村除保留下来的 6 户海草房民居外，其余旧房全部拆除。至 2009 年年末，所有拆迁户全部回迁住进楼房，陶家夼社区住房拆迁改造工程完工。

### 1993—2009 年陶家夼拆迁安置情况表

表 5

| 批次 | 拆　迁 | | | 安　置 | | |
|---|---|---|---|---|---|---|
| | 时间 | 户数（户） | 面积（平方米） | 时间 | 户数（户） | 面积（平方米） |
| 第一批 | 1993 年 11 月 | 2 | 113.10 | 1994 年 11 月 | 2 | 130.54 |
| 第二批 | 1993 年 12 月 | 10 | 852.42 | 1994 年 12 月 | 13 | 962.38 |
| 第三批 | 1994 年 11 月 | 8 | 708.31 | 1994 年 11 月 | 13 | 850.48 |
| 第四批 | 1995 年 3 月 | 10 | 796.17 | 1995 年 3 月 | 15 | 970.09 |
| 第五批 | 1995 年 8 月 | 10 | 739.97 | 1995 年 9 月 | 11 | 809.51 |
| 第六批 | 1996 年 6 月 | 3 | 179.97 | 1996 年 12 月 | 3 | 220.70 |
| 第七批 | 1996 年 12 月 | 40 | 2886.47 | 1997 年 7 月 | 39 | 3014.70 |
| 第八批 | 1997 年 8 月 | 4 | 354.36 | 1998 年 5 月 | 3 | 249.00 |
| 第九批 | 1997 年 12 月 | 15 | 1400.03 | 1998 年 8 月 | 21 | 1686.10 |
| 第十批 | 1998 年 3 月 | 25 | 1849.27 | 1998 年 8 月 | 26 | 2037.80 |
| 第十一批 | 1998 年 11 月 | 9 | 699.98 | 1999 年 7 月 | 11 | 859.50 |
| 第十二批 | 1999 年 11 月 | 25 | 2005.68 | 1999 年 11 月 | 29 | 2449.00 |
| 第十三批 | 1999 年 11 月 | 24 | 1964.70 | 2000 年 8 月 | 32 | 2540.80 |
| 第十四批 | 2000 年 11 月 | 36 | 2993.26 | 2001 年 9 月 | 43 | 3790.00 |
| 第十五批 | 2001 年 6 月 | 3 | 96.01 | 2001 年 9 月 | 3 | 255.00 |
| 第十六批 | 2001 年 9 月 | 14 | 1091.35 | 2002 年 9 月 | 15 | 1323.00 |
| 第十七批（一） | 2002 年 9 月 | 23 | 1742.22 | 2003 年 9 月 | 25 | 2108.60 |
| 第十七批（二） | 2003 年 1 月 | 25 | 2069.18 | 2004 年 11 月 | 34 | 3168.10 |
| 第十八批 | 2007 年 9 月 | 138 | 17130.18 | 2009 年 5 月 | 212 | 18104.58 |

## 附：陶家夼社区旧村改造拆迁安置方案[①]

第一条：拆迁房屋面积的确定：根据国家1984年颁布的《城市规划法》和市规划局的有关规定，凡不按市规划所建的建筑物，规划改造时不承认建筑平方，以1990年丈量的房产确权面积为准。1991年以后经批准所建的住宅，建筑面积不足93平方米，按实际面积计算，超出93平方米的按93平方米计算。

第二条：房屋基价（按建筑面积计算）：

1. 平房基价：正房230元/平方米，厢房200元/平方米；

2. 框架楼房的基价：第一层为草棚间（200元/平方米），第二层为标准层（300元/平方米），第三层按标准层上浮15%，第四层上浮20%，第五层上浮10%，第六层下浮15%，第七层下浮30%；

3. 阳台基价：300元/平方米，随楼层浮动；

4. 优惠基价：1000元/平方米，随楼层浮动。

第三条：平房与楼房的换算：

1. 要得的楼房面积大于平房面积，超出部分在5平方米（含5平方米，下同）按优惠价格的50%计算，超出部分在5～15平方米的按优惠价格的90%计算，超出15平方米的按市场价格计算；

2. 要得的楼房面积小于平房面积，拆迁户不准备再要楼房时，只能将剩余面积换算成楼房（按标准层）后转让给居委会，5平方米以内的，按优惠价格的50%计算，5～15平方米以内的，按优惠价格的90%计算，超出15平方米的按市场价格计算；拆迁户要一栋楼房后，平房尚有剩余，再要一栋楼房的，剩余面积在15平方米以内的，每1平方米按上述标准优惠1平方米，超出部分按市场价格计算；

3. 按市场价格计算的部分，拆迁户要在30日内一次性交到居委会，逾

① 摘自2002年12月19日，经第七届职工代表大会通过的《威海市大川集团有限公司规章制度》。

期，每拖延一天交纳 0.3% 的滞纳金。

第四条：搬迁费与安置费：

1. 搬迁费每户 200 元，临时人口安置费每人每年 780 元（按折迁时长期居住的居民人数计算），无人居住或租借给他人居住的房屋，只发给 200 元的搬迁费；

2. 因工程延期，导致楼房不能按期交付使用，躲迁费每拖延一天加倍付给拆迁户；

3. 楼房交付使用后，折迁户应在30日内结账拿钥匙，逾期每拖延一天，按差价 0.3% 交纳滞纳金。

第五条：暖气碰头费优惠面积的确定：

1. 楼房面积小于平房面积的按实际楼房面积计算，多于平房面积的按供热公司的标准由个人负担；

2. 折迁户在社区内换房，以折迁时要房的标准计算（即以居委会安置所要楼房时的标准为准）；

3. 暖气碰头费折迁户负担40元 / 平方米（剩余部分集体负担）。煤气按户计算，折迁户负担60%，剩余部分集体负担（折迁 1 户负责 1 户）；

4. 暖气、煤气碰头是居委会统一规划，在规划的区域和时间内不安装的，以后不再享受这项待遇。

第六条：楼房内设施：水泥地面，白灰墙面，卫生间和厨房间瓷砖到顶、两间地砖地面，卫生间有坐便器、洗脸盆，厨房间有洗菜盆，铝合金（或塑钢）门窗，水电煤暖通。有线电视、电话线插口。

第七条：今后楼房内设施如有变更，相应调整差价。

## ◉ 公共安全

**社会治安综合治理** 1945 年 8 月至中华人民共和国成立前，陶家夼村由民兵自卫团、青妇队负责在村头、路口站岗放哨。

中华人民共和国成立后，民兵自卫团改为民兵连，由民兵连负责在村头、路口站岗放哨。至 20 世纪 70 年代，陶家夼村未发生刑事案件和治安案件。村中的苹果和葡萄触手可及，但是没有一个人随便摘取。

1985 年后，随着流动人口急剧增加，陶家夼的社会治安趋紧。为加强治安保卫工作，创建安全文明小区、平安社区，1993 年，陶家夼村成立以党支部书记为组长的社会治安综合治理领导小组，设立社会治安综合治理办公室（简称“综治办”），负责村域内社会治安综合治理工作。综治办下设保卫科，由 8 名治安人员组成，配置摩托车、对讲机等器材，在村内设置 4 个“110”报警点，治安人员 24 小时巡逻值勤。每逢重大活动，都安排警务室警务人员和从各单位抽调的 1 ～ 2 名人员、志愿者组成安保队伍，统一着装并佩戴袖标，负责活动场所及村庄的安全保卫工作。

1995 年，针对村内车辆日益增多的状况，陶家夼村成立交通安全管理领导小组，安装道路交通安全警示牌，安排专人负责对道路、停车场进行日常巡查和养护，确保村内车辆通行、停放有序，保障行人和车辆通行安全。

1997 年 1 月，陶家夼村成立看门望锁队，在综治办的领导下，与保卫科治安人员一起负责村内安全防范工作，形成群防群治的综合治理体系。是年 9 月，全国基层创建安全文明小区会议在威海召开，中央政法委秘书长束怀德、社会与法制委员会副主任俞雷、公安部副部长牟新志带领与会代表 260 多人到陶家夼村参观、考察基层创建安全文明小区工作。

1999 年 1 月，陶家夼村被山东省社会治安综合治理委员会授予“安全文明小区”称号。

2001 年，投资 20 万元安装闭路监控系统，设置 11 个监控点，对社区内重要地点实施重点监控，综治管理达到动静兼备，人防、物防、技防、心防的有机结合。同时，按照便于管理的原则，把居民区划分为 5 个责任区，每个责任区内居民住户的姓名、工作单位以及联系电话全部登记造册，建立档案，实现看板化，并与辖区企业、单位签订社会治安责任书，实行年终评先选优社会治安一票否决制。

2002 年 11 月，陶家夼社区被山东省公安厅授予“全省治保工作先进单位”称号，被山东省公安厅交警总队评为“交通安全村”。

2004 年，根据创建“平安社区”需要，成立创建“平安社区”领导小组，下设办公室，负责“平安社区”创建领导工作。落实重点要害部门人防、物防、技防措施，划分责任区，确定小区区长、楼长责任制工作制度，及时化解和报告各类矛盾纠纷。当年，民间纠纷调处率 100%，暂住人口办证率 100%，房屋租赁办证率 100%。

通过健全机构，建立人防、物防、技防、心防有机结合的防控体系，充分发挥群防群治作用，陶家夼社区治安管理逐步走上正规化、法制化、科学化的轨道。2006 年，陶家夼社区获山东省社会治安综合治理委员会授予的“2004—2006 年度未成年人零犯罪社区创建活动先进单位”称号。

2004—2016 年，陶家夼社区实现社区内无重大刑事犯罪案件发生、无重大社会治安案件发生、无“黄赌毒”现象和群体性事件发生，呈现出社会稳定、居民安居乐业局面。

**网格化管理** 为实行全方位社会管控，促进社会稳定，本着既利于节约社区管理成本、提高管理效率，同时又能让社区居民共享社区资源，2014 年，陶家夼社区开始推行网格化管理，按照每个网格 168 ~ 300 户的标准，将 71 栋居民楼划分为 11 个网格，每个网格配备 1 名网格长、2 名协管员、1 名督导员、1 名联络员和多名志愿者、巡逻员、楼长、片警，通过“一长三员 +N”的管理团队，相互配合，随时收集发现的问题，向上级信息化平台传递。

网格化管理推行“两会一本”工作模式：网格管理团队和居民代表定期对网格内居民争议事件进行研究、分析并解决问题，做到处置结果居民满意；每周五下午 4 点半召开网格例会，由协管员汇报本周本网格内各项工作情况、发现的问题及整改措施、下一

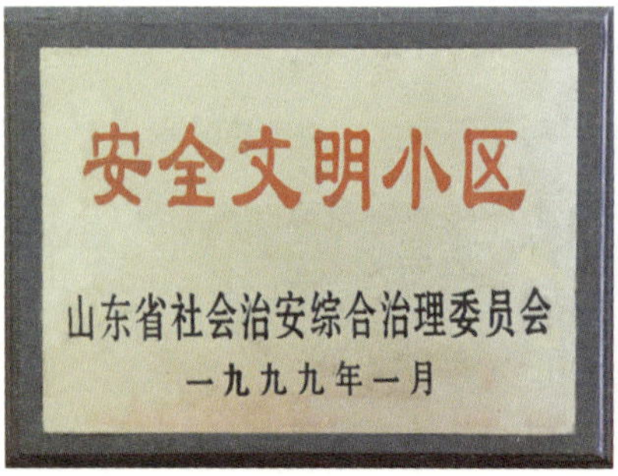


1999 年获“安全文明小区”称号

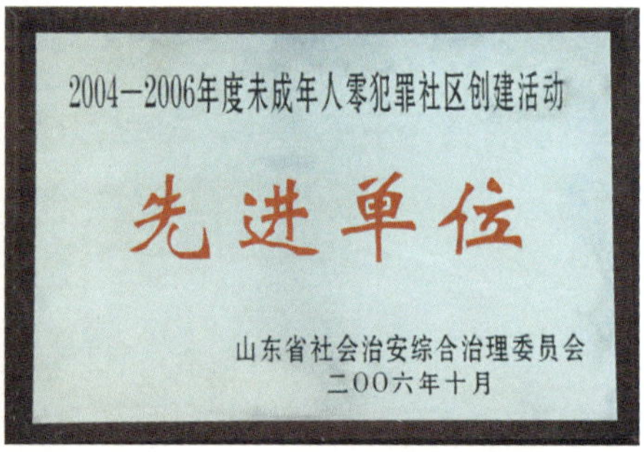


2006 年获“2004—2006 年度未成年人零犯罪社区创建活动先进单位”

安装在社区的监控探头（2016 年）
戚桂庆　摄

警务人员在社区巡逻（2016 年）
戚桂庆　摄

网格协管员在汇集网格问题（2015 年）
张冠华　摄

网格长入户走访社区居民，采集信息（2015 年）
王雪燕　摄

步工作安排；协管员每人配备一个日常工作记录本，记录每天在网格的服务活动情况，内容包括每次服务的时间、地点、服务对象、服务形式、服务内容、遇到的问题、处理结果、心得体会等。

协管员每天巡查社区不少于 4 个小时，每周入户走访居民不少于 10 户，对辖区范围内的人、地、事、物、情五大要素进行全面的信息采集管理，收集地理位置、小区楼栋、房屋、单位门店、人口信息、民政救济、党建纪检、计划生育、劳动保障、综治信访、志愿者服务、市场商铺、特殊人群、治安和消防安全等信息。对群众的诉求、社区中的不和谐因素进行“格内”处理，形成“小事不出网格、大事不出社区”的局面，确保社会大局持续和谐稳定。

至 2016 年，陶家夼社区网格内自行解决各类民生案件 8400 余件，上报解决 250 余件，实现服务居民全覆盖。

## ◉ 物业管理与服务

1993 年后，随着陶家夼村房地产的开发建设，到陶家夼村购房居住的外来人员不断涌入。为加强物业管理，陶家夼村成立大川物业管理处，负责村域内的生产生活用电、用水管理和公共设施的维护管理及环境卫生的保洁，无偿为居民维修楼房、疏通上下水道、更换门窗、代收水电费，为企业维修设备。1997 年 1 月，开始按每月每户 5 元的标准收取卫生服务费。

1998 年 8 月，陶家夼村在大川物业管理处的基础上成立威海市大川物业管理中心，有职工 33 人，物业管理人员均经培训后持证上岗。2002 年，大川物业管理中心通过 ISO 9001 质量管理体系认证。进一步明确物业管理职责及服务内容：对房屋及附属设施的使用部位维修和养护；对街道、甬道、公厕、停车场、路灯、绿化及其他公共场所和设施的使用、维修、养护和管理；清洁卫生；对车辆行驶和停放的管理；维护公共秩序；接受有关单位委托，代收水、电、供气、供热等费用；受业主委托办理特约服务。2005 年，为更好地管理和服务社区，大川物业管理中心将社区划分为团结区、平原区、金牛区、平房区 4 个区域，分别设立物业管理工作室，分区包片管理，责任到人。同年，经威海市物价局、威海市房产管理局核准，物业综合服务费按楼房每月每平方米（建筑面积）0.25 元、平房每月每户 5 元标准收取（2007 年随着拆迁完毕，该项收费终止）。此后，陶家夼社区物业管理进入常态化，实现楼宇内无乱贴、乱画、乱占现象，楼外无突出防盗网、晾衣架等违章建筑物，路边无车辆乱停、乱放现象。1998 年，陶家夼村获“山东省城市物业管理优秀住宅小区”称号，1999 年获“全国城市物业管理优秀住宅小区”称号。

2012 年，在物业管理精细化水平提高后，随着物价和人力成本的提高，经业主委员会研究通过，陶家夼社区将物业综合服务费按楼房每月每平方米（建筑面积）0.50 元标准收取。

**园林绿地管理** 2001 年，大川物业管理中心成立绿化队，专门负责社区内绿化管理工作。根据各个生活区域的特点，因地制宜地设计建设花园、绿地，并做好日常的浇水灌溉、除草松土、整形修剪、防治病虫害等管理；制定绿化管理规定，并采取多种形式广泛宣传，促使社区居民人人爱护绿化、美化设施，共同维护美好家园。

**生活垃圾分类收集** 2001 年 5 月，陶家夼村开始实行生活垃圾分类收集，全村设有

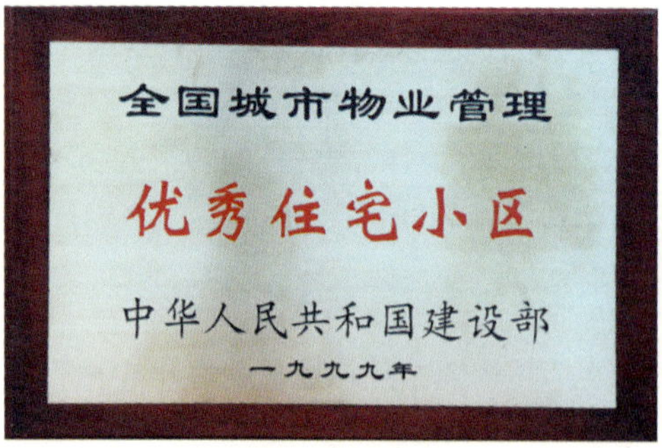


1999 年获“全国城市物业管理优秀住宅小区”称号

物业人员在浇灌花园绿地（2016 年）

戚桂庆 摄

15 个垃圾投放点、127 个封闭式垃圾箱，垃圾日产日清，由威海市环翠区环卫局的垃圾收集车收集，送到垃圾处理厂集中做无害化处理，在街道两侧和小区花园、绿地中增设 30 多个不锈钢果皮桶和 12 个木制果皮桶。5 月 9 日，《农村大众》（《大众日报》农村版）以《农民重环保　敢为全省先　陶家夼村分类处理垃圾》为题报道后，《农民日报》又于 21 日以《山东省威海市卫生管理走“农村包围城市”的路子，在城乡结合部率先实行垃圾分类处理——农家也兴垃圾分类》为题进行报道。

**车辆停放管理**　2011 年，陶家夼社区为解决货车和中、大型客车等噪音较大的车辆在生活区内通行、停放扰民的问题，在生活区域外，将四方路 130 号楼以北共计 2300 余平方米的两块空闲地，平整建设为大型车辆专用停放地。2014 年后，随着生活水平的不断提高，居民私家车大量增加，为解决居民“停车难”的问题，陶家夼社区除了在新建住宅楼宇间配套建设停车场外，还在原有楼宇间划出一定的区域，将其改建为停车场。2016 年，陶家夼社区生活区内共有停车场地 2.7 公顷、1800 余个车位。

## 链接：都市花园陶家夼 ①

1994 年夏，韩国商人牟德才在威海市陶家夼村买下一套 95 平方米的三室两厅居室，办理了在这里居住的临时户口，成为第一个在山东威海市陶家夼村落户的外国籍村民。此后不久，许多与威海有经贸关系的外商纷纷效仿牟德才，陆续落户陶家夼，使这个普通山村的“洋居民”达到 32 户，他们的国籍涉及美国、俄罗斯、韩国、日本等许多国家。

洋人自愿到中国农村当村民，这对于从前的陶家夼村来说是不可想象的。改革开放 20 年，陶家夼作为万千中国农村中的一员，不仅实现了广泛意义上的贫困向温饱的转变，更重要的是，村里人文环境的品质格调、村民心态理念的文化内涵在田园风光与都市情调的糅和中发生了质的转变。

居住环境：营造可持续发展的生态环保氛围

被许多外国人赞誉为“威海市乡村别墅，都市里温馨花园”的陶家夼村，是一个位于威海市南郊的普通村庄。在陶家夼村，40% 的居民目前已

① 作者：于文胜、张思玉、王陆光、罗健，原载 1998 年第 4 期《走向世界》。

生活垃圾分类收集点（2016 年）
王雪燕　摄

管理规范的停车场（2016 年）
肖伟　摄

大型车辆专用停放地
（2016 年）　戚桂庆　摄

住上了新式现代的公寓楼，另外 60% 的村民也都居住在 90 年代才翻新盖起来的红砖瓦房内。由于陶家夼眺海依山而卧，绵延起伏的坡形地势，使得整个山村的屋宇楼群错落有致地依势镶嵌在芳草葱郁的半山坡上。

小村在建筑风格上大胆地向欧洲哥特式、中国古典式等风格靠拢，同时，还巧妙地把现代建筑艺术与环保理念结合起来，形成一种独特的生态建筑风格，反映出陶家夼人与众不同的安居理念和生存品味。每座楼前都有一块比相应楼房面积多出一倍的绿地花园，每两三座楼间还要打一眼预备机井，平时机井抽水灌溉鲜花草坪，逢旱、遇火之时，它又成为救急救险的生命之源。现代建筑面积一年比一年多的开发，而与之为伍的绿地面积已超过 100（多）平方米，全村的工厂企业全部是无污染的轻加工、微噪音的小型企业，先后有 6 位出巨资意欲建立强污染企业的外国富商都被村委会婉拒村外。与 20 年前山道泥泞，草屋稀落的景象相比，如今的陶家夼不仅建起了威海市第一个山村绿地广场，竖起了只有大都市中心广场才有的巨型高杆灯，而且将两个公共汽车交通站点引入了村内笔直宽阔的柏油马路上，既让本村村民找到了都市的感觉，也让市区居民羡慕起山村的舒适和便利。田园风光虽有大自然的浪漫清新，却常伴有大都市现代功能的缺憾，而陶家夼人却在这两者之间找到了自己的契合点。

曾几何时，中国公共厕所的肮脏和污水横流、垃圾乱堆的情景成为一些外国报刊的笑柄，然而在陶家夼这样一个农村，人们的卫生观念不仅超过了许多城市居民，而且也倍受前来参观的许多外国客人的赞扬，村里的 7 个公共厕所几乎全部是造型讲究、用料高档的水冲式现代建筑，清洁工每天两次清洗瓷砖地面，厕所内外甚至看不到一个烟蒂。走遍全村，也看不到一个垃圾堆。保持良好卫生习惯的村民们每天自觉将自家垃圾袋装后扔进封闭式垃圾池、箱内，天色未亮时，一辆自动化清洁车便悄然无声地带走村内前一天的所有遗弃物。

消费结构：生活消费大于生存消费

陶家夼的第一次闻名全国是因为它味美甘甜的葡萄被一位著名散文家写进了全国的中学课本，然而那时在“累累硕果”的文章背后，陶家夼人还正经历着新中国有史以来的最大一场自然灾害，人们面临的最大困难是饥饿。

现如今，城市化的进程早已使新一代的陶家夼村民忘记了食不果腹的滋味，人们不仅告别了柴草型的温暖、充饥型的饮食，而且在营养结构、粗细搭配、保鲜时令上显得格外“挑剔”，村民的饭桌上，精加工的各种米面主食、新鲜水果、山珍海味、新摘蔬菜，已是琳琅满目。绿色食品、鲜活海产、保健食品成为寻常百姓家的饮食主题。在陶家夼，人们的年平均收入在18000元以上，而用于饮食方面的费用仅占1/5左右，人们的花销更多地集中在穿着的更新、家庭设施的改善、精神文化的消费上。

服饰上，村民们的“国防绿”“蓝蚂蚁”形象早已成为历史，代之而来的是新颖、高质量的时髦服装。借助威海这座“中韩贸易桥头堡”的优势，许多村民讲究起做工精细、质地轻柔的韩国服装，一些年轻人也穿起“皮尔卡丹”“老人头”“阿迪达斯”“耐克”等外国名牌。村里的一些韩国居民还在村内投资2000多万元兴建起（手饰）[首饰]加工厂，在主要为海外市场提供货源的同时，让近水楼台先得月的村民们的审美观也更加开放。

1991年时，陶家夼村内还只有一部老式电话，而如今，除了个别老住户思想守旧不想安电话外，全村绝大多数住户安上了程控电话，电话普及率达到96.4%；100多户居民拥有了自己的私人轿车或运输用车；10%的家庭普及了电脑，16%的家庭为自己的子女购置了钢琴。村内不仅建起了藏书5万余册的图书室，还建起了老人活动室、青年文化楼，组建了村民艺术团、少儿演唱队等文化组织。全村还在村民中广泛开展了“文明家庭、特色家庭、五好家庭”的创建活动，通过家家户户的文明竞争，带动了村民整体素质的提高。在村民陶（尊）[遵]和家里，前庭陈列着含蓄清远、峻切瑰丽的块块奇石，有的（象）［像］浮云遮日，有的（象）［像］西施浣纱，有的（象）［像］老翁对弈，还有的（象）［像］顽童戏蝶……后厅内，陶（尊）［遵］和老人亲自采集、雕琢、上色的一座座艺术根雕布满了后厅堂，这些根雕和奇石在山东省的藏石和花卉根雕艺术展览会上获得了十多项大奖。在陈列架上，端放着一块由联合国教科文组织授予的铜牌，上面写着："鉴于您在民间文化保护、传承和创作方面成绩卓著，兹授予您民间工艺美术家称号"。据了解，类似陶（尊）［遵］和这样有着高雅志趣和文化特色的家庭在陶家夼还有许多，一些音乐家庭、藏书家庭、剪纸家庭、电脑家庭等都在全村的生活观念的转变中起到了良好的带头作用。

告别了昔日"面朝黄土背朝天，一把锄头一把镰"的传统劳作模式，陶家夼人如今也同城里人一样坐着自家的轿车、摩托车或乘坐延至本村的公共汽车上下班，在包装、服装、建材、汽车维修等各类村办企业中利用现代化的电子设备和自己的辛勤的汗水创造着社会财富。

内存动因：因势利导发展多点微型经济

营造优美的村容环境需要巨额的建设投资；提高消费档次，改善物质和文化生活同样需要丰厚的经济收入。因此，如何为集体的公共积累注入强大的资金，如何让群众腰包真正鼓起来，成为陶家夼向都市花园发展的根本内在动力。

改革开放的最初十年中，陶家夼人基本是在"家庭联产承包责任制"的政策下在农业上倾尽全力，其结果，村民虽摆脱了贫困，实现了温饱，但也仅限于解决了肚子问题。进入 90 年代，陶家夼人的高效经济意识开始觉醒，新上任的村长和民主选举出来的村民委员会一道，共同对陶家夼的优劣条件作出了科学分析，决定利用靠近城市的优势，发挥地利作用，率先从土地开发、旅游开发、村容改造开始，让土地、山坡发挥出最大的经济效益。

于是村建筑公司、村开发公司相继成立，在利用本村土地改造旧村屋村舍的同时，也建立起一座座现代化公寓楼和别墅。每亩年利润不足千元的土地被每年几十万元利润的房地产业所取代，村民在搬进新居的同时，也使集体第一次有了高出农业利润几十倍的资金积累。

不坐吃“地”空，是陶家夼决策者们的明智选择之一，在平面土地没有丧失的情况下，仅把向空中发展的部分楼房换成了村里启动腾飞的资金，利用这笔钱，他们开始多角度发展多元化微型工贸企业，以防止因贪大求快而造成盲目将资金集中在一种工业项目上的过热风险。此举不仅使陶家夼没有像一些村那样受到日后的房地产下滑、银根紧缩、工业疲软等各种行业性亏损和经济形势的影响，反而在这些星星点灯般的微型工贸项目中逐渐积聚起上千万的资金。

小型汽车修理厂、无污染的纸箱包装厂、小型物业维修队、微型防水材料厂、两艘中型渔船组成的捕捞队、花卉园艺场以及外国人在村里办起的（手饰）[首饰]加工厂等等十多个微小型企业不仅形成了陶家夼经济发展的强大合力，也使适龄村民全部就业。今年他们还向社会招收了600多名下岗职工。

利用积累起的资金，陶家夼不仅美化、优化村里的外貌硬件设施，还在文化建设、法制建设方面投下了巨资。几年来，陶家夼与当地政府一道投资建立了两所中小学，并由村里为两所学校配备了50台微机。同时，他们还设立了专项“希望奖金”，对每学期在班级考前三名的学生予以酬奖。村里还用积累下的资金建起了图书室、文化活动室等场所，对村内的所有电视进行了联网，并通过电视教育和图书教育引导转变旧有的生活消费观念。村民们也由过去的只在电视、冰箱等各种家庭硬件的攀比心态转变为书香门第、艺术门第、知识门第的相互竞争心理。村集体还利用公共积累为全体村民执行了目前已达10多年的公费医疗，仅此一点，连城里的国家机关公务人员、大公司大财团的职员也羡慕不已，中国第一大报《人民日报》对此进行了专门报道。

科学的决策振兴了小村的经济，经济的强大又使教育和文化建设以及社会保障得到了前所未有的改善，而精神文化的质的转变反过来又再次促进全村经济发展的健康循环。陶家夼村正是在这种根本性的内存动因下有了突飞猛进的发展，使自身在20年间由一个穷山村变成了开放城市的百花园，由一群为生存而劳作的农民变成了一群为生活而工作的现代村民。

### 链接：山东省威海市卫生管理走“农村包围城市”的路子，在城乡结合部率先实行垃圾分类处理——农家也兴垃圾分类[①]

5月8日上午7点多钟，山东省威海市环翠区陶家夼村村民丛昌滋与往常一样，把垃圾放进垃圾箱。但与以往不同的是，他手提两个垃圾袋，一个装的是废纸和塑料，另一个装的是烂菜叶，并分别投入可回收垃圾箱和不可回收垃圾箱。

其实，住在威海城乡结合部的居民大都掌握了垃圾分类投放标准，从而使原先基础条件较差的郊区卫生管理凭此“一招鲜”，一举超过了城区。

威海是第一个国家级卫生城、第一批国家环保模范城和全球最适合人类居住的范例城市之一，卫生城一直是威海市区引以为豪的一张“名片”。但城乡结合部的卫生状况与城区比起来总是落后许多，环翠区环卫局以在全市范围逐步实行垃圾分类管理为契机，把全国文明村镇工作先进单位陶家夼作为样板，带动城乡结合部卫生迈上新台阶，最终实现全市卫生管理一盘棋。

环卫局林国庆局长给我们算了笔账：城乡结合部的生活垃圾实现减量化、资源化和无害化，保护了环境，维护了卫生城的声誉；而且把可回收成分纳入城市回收网络，一年光节省运输处理费用就有20万元，而且变废为宝还创造了社会财富。

## ◉ 精神文明建设

**“五讲四美三热爱”活动**　1982年3月，随着全国第一个“文明礼貌月”活动的开展，陶家夼村开展以“五讲四美”[②]为主要内容的精神文明建设活动。1983年后，精神文明建设活动增加“三热爱”[③]和学习张海迪、争做“四有新人”[④]的内容。

---

① 作者：汪智杰、马淑霞，原载2001年5月21日《农民日报》。

② “五讲四美”：讲文明、讲礼貌、讲卫生、讲秩序、讲道德，心灵美、行为美、语言美、环境美。

③ “三热爱”：热爱党、热爱祖国、热爱社会主义。

④ “四有新人”：有理想、有道德、有文化、有纪律。

2003 年，四方路 105 号楼获全国“文明楼栋”称号

2005 年获“全国文明村镇”称号

1984 年 12 月，陶家夼村获威海市委、市政府授予的“文明单位”称号，1986 年获威海市委、市政府授予的首批“文明村”称号，1992 年被威海市环翠区委、区政府评为首批“小康村”。

**“全国文明村镇”创建活动** 1993 年，陶家夼村开始开展“全国文明村镇”创建活动，在按照《威海市陶家夼村规划设计》分批、分期进行旧村拆迁改造、不断建立和完善民生保障体系、持续开展社会治安综合治理、实施物业现代化管理与服务的同时，开展“五好家庭”“文明家庭”“模范家庭”“文明楼”“文明单元”等系列评选活动，引导村民转变生活观念和生活方式，由传统农民向现代城市居民转变。

1996 年，陶家夼村开展“文明家庭”“模范家庭”评选活动。评选标准为：符合遵纪守法、家睦邻和、卫生清洁、移风易俗、计划生育条件的为“五好家庭”；在“五好家庭”基础上，符合参加公益活动、勤劳致富、家庭文化氛围浓厚条件的为“文明家庭”；在“文明家庭”基础上，符合科教兴家以及为集体做出过较大贡献条件的为“模范家庭”。至 2006 年，共有陶嘉本、戚桂连、陶俊湘、陶建军、陶遵莱等 43 户家庭被评为“模范家庭”。

1997 年，陶家夼村采取挂流动红旗的方式，评选“文明楼”和“文明单元”，把积极参加“美在家庭”活动和遵守陶家夼《居民公约》等纳入评选条件。至 2006 年，共有四方路 102 号楼、104 号楼、105 号楼等 7 栋楼被评选为“文明楼”，119 号楼 1 单元、102 号楼 2 单元、103 号楼 1 单元等 9 个单元被评为“文明单元”。

1998 年，陶家夼村被山东省精神文明建设指导委员会评为“文明单位”。2001 年，被山东省五好文明家庭创建活动协调小组评为“‘美在家庭’活动示范村”。2002 年，陶家夼社区获团中央、建设部、工商总局、民政部联合授予的全国“青年文明社区”称号。2003 年，四方路 105 号楼被全国五好文明家庭创建活动协调小组评为全国“文明楼栋”。2005 年，被中央精神文明建设指导委员会评为“全国文明村镇”。

**“四德工程”建设** 2002 年前，陶家夼就在社区中开展爱国主义、社会公德和职业道德等方面的教育。在社会公德方面，注重树立无私奉献、见义勇为的良好风尚；在职业道德方面，注重为人民服务和道德法制教育；在家庭美德方面，注重遵纪守法、劳动致富、家庭和睦、家庭文化等教育和建设。

2002 年 4 月后，以宣传贯彻落实《公民道德建设实施纲要》为着力点，开展建设和谐社区活动。2006 年获“山东省和谐社区建设示范区”称号。

2009 年 4 月后，以突出“爱心、诚信、孝心、责任”为主要内容，在社区广泛开展“四德工程”建设活动。充分利用各种有效手段，大力宣传基本道德知识、道德规范，先后发放《居民道德知识》小册子 2000 余册、倡议书 2000 余份，组织演讲比赛和各类文艺演出 10 余场次，在全社区营造出浓厚的“四德工程”建设氛围。通过组织开展“思想道德建设年”“我推荐、我评议身边好人”“陶家夼社区道德模范”等评选活动，让社区居民及时发现并学习身边的模范典型和事例，争做道德模范。

2013—2016 年，通过开展覆盖全社区每个单位、每户家庭和个人的“最美大川人”“传递正能量，争做最美大川人”“让陈规陋习在我们身边的风俗中消失”“美在社区，美在家庭”等创建活动和“最美社区四世同堂”“最美社区夕阳老人”“最美社区居民”“最美社区单元长”等评选活动，使居民从身边的模范典型和事例中得到启发，受到感染，从自身做起，从日常做起，从点滴小事做起，提高道德觉悟，养成文明习惯。在评选活动中，陶俊超在各项公益集体活动中，处处身先士卒，起到了模范带头作用，被评为“最美社区区长”；李桂玲视邻居为亲人，奉献他人，被评选为“最美社区单元长”；王爱芹在社区群众文化、健身工作中任劳任怨，默默奉献，被评选为“最美社区居民”；王洪英家庭家风正、儿孙孝，四世争先创优，被评选为“最美社区四世同堂家庭”；黄秀连桑榆暮年，奉献余热，被评选为“最美社区夕阳老人”；四方路 102 号楼 2 单元 12 户居民对集体公用设施、设备比对自己的家还珍爱，被评选为“最美社区单元楼道”。老党员陶俊麟兄妹 7 人，作为家中长子的他带头孝敬父母，为老母亲养老送终，使老母亲成为社区首位过百岁的老人。同时他还积极参与社区各项公益活动，利用自己掌握的修剪技术，义务为社区花园、绿地及社区外围的绿化苗木进行修剪，参加社区墓地整治、植树造林等公益活动，每次捐款时都很积极，被评为“最美社区人”。谷源娜、陶竹青都是年逾花甲的退休老人，每当社区组织公益活动、慈善救灾救困捐款时，两人总是冲在前面，为社区献余热，为居民分忧解困。

## 附：陶家夼社区精神文明建设公约[①]

### 第九章　精神文明建设

第五十六条　公益性的义务活动是精神文明建设不可缺少的组成部分，是反映人们整体素质和觉悟的一个重要方面，提倡无私奉献，参加各项公益活动，要把公益活动当作长期任务来抓。

第五十七条　为了增加陶家夼社区的文化氛围和文化品位，建设了峻青艺术馆，建设一个学术交流基地和爱国主义教育基地。

第五十八条　作好拥军优属工作，发展军民共建关系。

第五十九条　积极开展“评三户”“文明楼”“文明单元”和“美在家庭”活动，大力倡导建设特色家庭。

第六十条　大力支持自发形成的露天舞场和纳凉晚会，积极开展各种文化、体育活动。

第六十一条　提倡共产主义信仰，努力提高思想道德修养水平，不信奉各种歪门邪说，崇尚科学，不参加法轮功等邪教组织。

第六十二条　提倡把骨灰寄存或埋葬在金山公墓。陶家夼公墓实行收费制度，在村工作过或在村有住房、现在外工作的原始村民（男方）以及正式职工免费进入公墓；本村村民，不符合以上条件的，要进入公墓，一墓二穴收费 6000 元；外来居民进入公墓，一墓二穴收费 12000 元。在陶家夼辖区山岚（子）内（威海人称山坡林地为“山岚子”）散埋的坟墓要全部迁入公墓内安葬。公墓内不得起坟头、立竖碑；不得在公墓内烧纸、烧香。每年的清明节及十月初一可进行清理杂草、给绿化树木浇水等有纪念意义的活动。

第六十三条　社区周围的山岚属长期死封区，严禁带火种进山，严禁

---

① 摘录自 2006 年 8 月陶家夼社区第八届职工代表大会通过的《居民公约》。

2013年陶家夼社区“最美大川人”代表合影

砍伐树木，违者按《中华人民共和国林业法》的有关规定予以处罚。

## 链接：公德的魅力——陶家夼小区见闻[①]

元旦期间，一位外地朋友来威海买房，记者第一站就把他领到了“全国文明村”——陶家夼。

1月3日上午9点多钟，我们来到环翠区竹岛办事处陶家夼小区。一下车，朋友随手将烟头扔到了地上。走了不远回头一看，只见一位70多岁的老太太走过去，弯下腰把烟头捡起，掐灭后又送到了垃圾箱里。“不好意思。”老太太的这一举动，让我的朋友脸一红，连连摇头。

在看房过程中，我们特意留意了一下，在走过的大街小巷，没发现一个烟头、一片纸屑；楼道里和各种建筑物的墙壁上，没有乱写乱画的；威海下了20多天的雪，这里所有街道和街心公园的甬道都清扫得干干净净；还不时看到有几位老人拿着小铁铲在刮路面上残留的冰块。

“这些年来，我们在发展经济的同时，狠抓了精神文明建设，采取多种形式对居民加强社会公德教育。经过不懈的努力，陶家夼不仅经济上去了，

① 记者：任松高，通讯员：丛胜日、陶杰，原载2006年1月9日《大众日报》。

居民的收入提高了，人们也都树立了良好的社会公德。”在居委会办公室，党委副书记陶英杰向我们介绍说。

“社区是我家，管理靠大家”成了陶家夼人的共识。街心公园摆放的60多件（套）健身器材，每天天不亮就有人擦拭得干干净净，偶尔有外人偷偷地来贴小广告，谁看见谁阻止，没发现贴上后也会有人悄悄地用小刀刮干净；小区里栽的树、种的花，都被居民们认领管理了；街头上有人扔了烟头纸屑，不管是大人小孩，见到后都会捡起来送到垃圾箱里；连降大雪，不用居委会动员，居民们每天早晨5点钟就拿着工具出来扫雪，连78岁的老太太丛树秀也每天不落。党委书记陶建军怕她摔倒，几次叫她回家，丛树秀都说“没事，多一个人多一分力量。”

一开始，125号楼一单元楼长陶澄宇每天早晨都拿着拖把把楼梯上上下下拖一遍。后来邻居们发现后，都争着出来拖楼梯。陶家夼小区5年前就实行了垃圾分类处理，每家每户都会自觉将可回收和不可回收垃圾分别用塑料袋装好，按要求送到不同的垃圾箱里。在小区里，不管谁家出了什么事，邻居们都会前去帮忙。各家的电话号码、工作单位都有一张表，每户一份。一旦哪家水漏了、下雨天没关窗、或是有了病人，都会有人打电话告诉一声……

一件件看似平凡的小事，说起来不难，但能长期坚持做好确实不易。在陶家夼，我们感受到了良好社会公德的魅力。朋友当场拍板：“不看别的地方了。没有现房了预定一下，等再开发出来，就在这儿买一套！”

## ◉ 社会风尚

**尊老爱幼** 陶家夼自古有尊老爱幼的传统。平日里，分居在外的晚辈“常回家看看”，照顾老人的起居生活，聊一聊工作、生活情况，交流感情；逢年过节，晚辈要为家中老人“送节”①，向老人表达节日的祝贺。农业合作化后，尊老爱幼的传统由家庭延伸到集体、社会，形式和内容也越来越丰富。

1958年，陶家夼生产大队开始实行“五保”养老制度，开办托儿所、幼儿园，集中

① 威海人称赠送节日礼物为“送节”。

社区领导干部到王锡芝（右一）老人家里，为她祝贺 101 岁寿辰（2010 年）

照顾无人看管的幼儿。1965 年，开始实行“二八”分配制，使缺少青壮劳动力的家庭生活得到保障。1980 年，开始实行劳保金制度。同年起，每年“六一”儿童节，村干部带领企业负责人到学校、幼儿园看望慰问少年儿童。1987 年，首次制定并通过陶家夼村《村规民约》，将尊老、敬老、爱老、养老、助老写入其中。20 世纪 90 年代后，不但子女为老人“送节”，集体也为老人发放节日福利：每年组织老人免费外出旅游；为方便老人健身休闲，兴建老年活动中心、门球场等公共设施，在楼宇间建设活动场地，安装健身器材；为方便老人读书看报，免费为老人订阅报刊。2009 年，陶家夼产生了首位百岁寿星——王锡芝老人。在她百岁寿辰时，陶家夼社区领导干部为她送去 1 万元贺礼，向她表达祝福。

陶传忠的父亲患有白内障，母亲耳聋，日常生活起居难以自理，陶传忠夫妇多次要求父母搬到自己家里住，以便照顾，但父母总以不方便为由拒绝。1996 年，陶传忠的父亲不小心摔断了腿，住院 20 多天里，陶传忠和爱人昼夜轮流看护。老人出院后，陶传忠将两位老人接到自己家中照料，十几年如一日，直至二老先后于 1999 年和 2010 年去世，得到村民的好评。陶传忠是个好儿子，也是个好父亲。对待两个女儿，从小言传身教，教育她们好好学习，尊敬长辈，孝敬父母。在他的督导下，女儿们学习成绩一直名列前茅，尤其是二女儿，连续多年获得陶家夼村颁发的促学金。

陶遵凤退休前是威海市第二中学的一名教师，他和妻子刘曼娜相敬如宾，非常重视对后代的教育。本着“养不教，父之过”和“玉不琢，不成器”的古训，对子女进行严格教育，从小就培养他们树立正确的人生观和价值观，多学习科学文化知识，遵纪守法，努力工作，做一个对社会有用的人。在他的精心教育、培养下，6 个子女都事业有成，他也因此深受邻居尊敬。陶遵凤的儿女们对两位老人也非常孝敬，经常回家看望老人。小儿子的岳父早年去世，只剩下岳母孤身一人，陶遵凤就教导儿子要对岳母多尽孝心，每年冬天将岳母接到自己家里居住并照顾。孙子陶晓东高中毕业后参军，在部队里，他努力学习，刻苦钻研，考入天津医科大学，毕业后主动要求到新疆乌鲁木齐部队医院工作。他的决定没能得到父母的理解，认为新疆离家太远，但陶遵凤却大力支持，并主动帮孙子做儿子、儿媳的工作，使孙子能够安心到边疆工作。

**和家睦邻** 陶家夼人注重家庭和睦、邻里和谐，推崇“远亲不如近邻”。家庭中，孝敬老人，团结兄弟姐妹。邻里间，注重人情往来，无论谁家有困难，邻居都会及时出手相助。即便 1993 年后村民们相继住进楼房，外来居民激增，“街坊一家亲，最美邻里情”的良俗也一直沿存，使外来居民感受到了陶家夼“亲如一家”的浓浓邻里情。

据 1986 年版《威海市志》“和睦家庭”部分记载：“陶家夼大队社员刘守华，（她）87 岁的老婆妈患病瘫痪住院时，她日夜守护 12 天。出院后，她把婆妈接到家中伺候。她与爱人每夜轮班护理，婆妈想吃点什么，她就立即动手做，并一口口地喂。天天给老人洗尿布，适时帮老人翻身，还经常用小推车推着老人出门晒太阳，有时还推着走亲戚、逛商店。群众见老人又白又胖，都说她有个孝媳妇。”

陶遵莱是家中的独子，父亲去世较早，母亲在世时，除出差在外地，他每天都要早早回家陪伴、照顾母亲。其妻子黄学敏上敬婆婆，下教儿女，深受广大村民尊敬。2002 年春，陶遵莱 84 岁的老母亲不小心摔倒，造成锁骨骨折，住进了医院。母亲住院期间，黄学敏每天不辞辛劳，精心护理。儿媳妇坐月子时，黄学敏工作、家庭两不误，与来帮忙的亲家两人相互支持，和睦相处。由于父母的言传身教，儿女们在各自的单位努力工作，团结同事，得到领导和同事的好评。

刘瑛曾是陶家夼居委会委员、妇女主任，她不但把陶家夼社区的妇女工作开展得有声有色，而且还是一个被人称道的好媳妇。刘瑛的婆婆家是个大家庭，四世同堂，而他们一直和婆婆住在一起。分居在外的儿孙们时常回家看望老人，期间都是他们夫妻二人操持，从无怨言。平时不管哪家有事，刘瑛都尽力相助。2004 年，刘瑛家分到 1 套拆迁安置楼房，因婆婆年老住楼房不便，她便与丈夫、儿女商量，决定自己暂不住楼房，仍随婆婆一起住在平房里，以便照顾婆婆。

从树秀曾任陶家夼村妇女主任，在开展邻里互助、调解民事纠纷、维护家庭和睦中，发挥过积极作用。村里年轻夫妻有矛盾，都愿意找她谈心。在她的带领下，邻里间相互团结，一家有事，大家来帮。其家庭年年被评为“模范家庭”。

四方路105号楼有24户居民，他们虽然分散在社区内外不同的工作岗位，但都秉承“社区是我家，大家都爱她”的观念，积极为社区各项工作无私奉献。在陶家夼社区评选“五好家庭”“文明家庭”“模范家庭”“特色家庭”的活动中，连续多年被评为“陶家夼社区文明楼”，2003年获全国五好文明家庭创建活动协调小组授予的全国“文明楼栋”称号。3层住户张建国是105号楼楼长，在陶家夼社区开展的一系列精神文明活动中，张建国以公开信的形式向全体楼长发出“加强楼道清洁卫生”的倡议，还发挥自己的特长，为社区起草居民守则、精神文明公约，设计制作各种宣传展板。4层住户陶建军是社区党委书记、居委会主任、大川集团有限公司总经理，在以他为主的领导班子带领下，陶家夼实现由农村到现代城市社区的转化。5层住户刘延江原是烟台北极星钟表公司经理，退休后到陶家夼社区安家。夫妻二人平易近人，与邻居见面主动打招呼，邻里关系十分融洽。刘延江的夫人是做思想工作的能手，社区里的年轻夫妻发生矛盾时，经她和风细雨地劝说，就能相互承认错误，言归于好。4层住户苗俊荣是陶家夼金色桃源俱乐部文艺节目创作组的总编导，7层住户周子娃夫妻是京剧票友，他们都是社区群众文艺的骨干，积极参与社区庆“七一”文艺演出和广场纳凉晚会等文艺活动。

**热心公益** 陶家夼人素来热心公益，凡是遇有修路、挖井等公益事务，村民总是招

社区志愿者在清除抱山泉水库大坝杂草（2015年）　　王雪燕　摄

丛树秀（中）老人在社区义务清理积雪（2009年）

社区居民及志愿者在清理社区积雪（2016年）
王雪燕　摄

之即来，齐心协力办好事情。1963年开展“向雷锋同志学习”后，村民尤其是年轻人做好事不留名，各种助人为乐、热心公益的好事层出不穷，多不胜数。社员每日清晨自发清扫街道成为习惯，并一直延续至1993年大川物业管理处成立。20世纪90年代后，不少村民退休后成为志愿者，积极参加志愿活动，如管理夕阳红育林基地，清除社区绿地杂草，清理道路积雪等，每年各种群团志愿活动都在20次以上。年轻志愿者传承志愿精神，关爱孤寡老人及残障人士，经常利用节假日等休息时间，上门慰问，并为他们做家务。

丛树秀每年都积极参与社区举办的庆“七一”文艺演出和广场纳凉晚会。为准备节目，她和其他老年演员们天天排练。面对女儿的劝阻，丛树秀说：“没有共产党，哪有我丛树秀的今天，哪能过上今天的好日子！排练节目歌颂党，虽然辛苦，但我心里甜。”2002年6月，陶家夼居委会为丰富老年人文化生活，建成占地400平方米的星光老年活动中心，设有阅览室、台球室、文体活动室、书画室、棋牌室、多功能健身活动场地和一处小花园，室内配置空调、29寸的电视机和饮水机，免费提供大桶水，还为老人订购了《老年日报》《齐鲁晚报》《威海晚报》等报纸以及《中国民政》《春秋》《长安》《党建文汇》等杂志。退休后的丛树秀义务担任老年活动中心的管理员，每天按时开门，打扫卫生，得到老年人的好评。2003年，丛树秀和丈夫陶嘉本认领了社区2000平方米的绿地，义务管理，锄草、剪枝、追肥。她常说：“人老了，但心不老，能尽一点力，就能发一分光，为大家做点力所能及的事，心里高兴、舒坦。”

115号楼6层居民陶竹青，每天都打扫楼道，擦拭楼道里的玻璃、楼梯扶手。平日里，邻居家的老人和孩子需要照顾，他都会及时伸出援助之手，前往帮忙照料。冬季下

社区居民为“慈心一日捐”捐款（2012 年） 刘芳琳 摄

雪后，他总是早起将周围的积雪清理干净，以便大家通行。

85 号楼南侧有一块空闲地，因为地处生活区外侧，无人管理而长满杂草，还堆放着树枝和杂物，影响了社区环境的整洁卫生。社区居民冷瑞民看在眼里，急在心里，她主动联系居委会工作人员，待该地被确定建设草坪后，组织志愿者清理杂物和垃圾，翻整土地，种植绿草，建设草坪。草坪建成后，她每天都前往检查，及时清理杂物和垃圾，使之成为周边居民休闲的绿地。

**扶危济困** 见难相助、扶危济困也是陶家夼人的传统美德。平时，邻居、亲戚甚至路人有困难，陶家夼人都会及时伸出援手，给予帮助。

2000 年，陶丹突患白血病，需要大笔治疗费用，正在家人为筹措医药费发愁时，在村党支部的倡导下，321 位村民主动捐款 22776 元，帮助其渡过难关。

2002 年 6 月 26 日 16 时许，安川防水材料厂职工孙德福在乱石堆上采集石料时，突然石堆坍塌，毫无防备的孙德福随石头一起滚落，被压在乱石下。陶家夼社区领导得知后，立即带领救援人员和车辆赶赴现场营救。孙德福的下半身淹没在乱石中，其中一块两吨多重的石头将他的双腿紧紧压住，使他动弹不得。此时，乱石还在不断向下滚落，情形十分危急。在此紧急时刻，施救人员克服种种困难，有条不紊地开展救援，将孙德福救出并送往医院救治。孙德福获救后，为感谢众人的救命之恩，一一拜谢参加救援的人。

2008 年汶川特大地震发生后，陶家夼社区向灾区捐款 9 万多元。2010 年玉树大地震发生后，向灾区捐款 5 万多元。2007—2011 年，在威海市环翠区结对帮扶活动中，累

秋色赋艺术馆正门（2016 年）　　戚桂庆　摄

计资助帮扶村 30 万元的资金和物品。2004—2016 年，在威海市“慈心一日捐”活动中，累计捐款 38.2 万余元。

## 群众文艺

随着经济发展，陶家夼人开始追求高品质的文化生活。1992 年后，随着各种文化设施的兴建和庆“七一”文艺演出、夏季广场纳凉晚会等文艺活动的持续开展，陶家夼村的群众文艺活动日益活跃和丰富多样，绘画、书法、根雕、摄影等艺术之花竞相开放，争奇斗艳。

**秋色赋艺术馆**　2004 年 9 月至 2006 年 10 月，为加深社区文化氛围、提升社区文化品位，陶家夼累计投资 500 多万元，建成占地 3860 余平方米、总建筑面积 1200 平方米的秋色赋艺术馆。艺术馆坐落于陶家夼社区西北部的红叶谷内。整个艺术馆坐北面南，由依山势而建、前低后高的两座仿古中式建筑组成，分为前厅和后厅。艺术馆北依大岚子山，南面为陶家夼河，东临野鸡夼河和北山，西接扇子坡，周边绿树花草环绕。春天山花烂漫，鸟语花香；夏天绿树掩映，凉风习习；秋天红叶簇簇，林涛阵阵；冬天朔风罕至，红柿挂枝。

艺术馆门前是一个小水泥广场。广场右前方为保留下来的 6 户海草房民居，东边野鸡夼河潺潺流过，河西岸有一眼古井——长寿泉，河东岸建有仿明清建筑的红叶谷山庄，山庄前是一处小园林，亭台、小桥、溪水、古树、花草布局精致，情趣盎然。

艺术馆收藏的威海籍作家文学作品展厅一角（2016 年）　　威桂庆　摄　　秋色赋艺术馆前厅（2016 年）

艺术馆正门前两尊汉白玉石狮雄踞石阶两旁。沿 28 级石阶拾级而上至正门前，门上悬挂着“秋色赋艺术馆”匾牌。正门和窗户均为明清风格的雕花木格玻璃门窗，各 6 扇。

步入前厅，厅内布置得古香古色，首先映入眼帘的是一道仿古屏风，屏风上镌刻着峻青的《秋色赋》（节选），屏风背面是《秋色赋艺术馆记》。前厅是书法与绘画创作交流区，供全国各地艺术家到此创作、研讨和交流使用。大厅内收藏和陈列着许多书画艺术家的作品，有著名油画家姚远、张家通等人的油画作品，著名篆刻家孙树清的篆刻作品。大厅东边两个房间分别是办公室和会客室，会客室内摆放着陶家夼社区居委会党委书记陶建军在山东省青岛市参加 2008 年北京奥运会火炬传递时的火炬，墙上悬挂着威海籍著名画家、清华大学美术学院教授宋志坚的油画和峻青为陶家夼社区创作的《雄鸡报晓图》等字画作品。大厅西边是专为到访学者、专家、客人准备的起居室，室内墙上悬挂着 2001 年峻青重访陶家夼时挥毫写下的《大川吟》手迹。

出前厅后门，迎面是一幅《秋色赋》浮雕，形象地再现了峻青《秋色赋》中陶家夼葡萄丰收时的场景。

从浮雕两侧石阶可通往后厅。后厅是一座外方内圆的穹顶建筑，大门为四洞结构，每洞各 4 扇明清风格的雕花木格玻璃门。厅内设文学、美术、书法、摄影、音乐五大类展区。文学展区展放着峻青的一系列文学作品和威海籍著名作家王润滋、著名剧作家袁学

马洪渠　摄

秋色赋艺术馆书法展厅（局部，2016 年）　马洪渠　摄

强等文学创作者的小说、散文、诗歌等文学书籍；美术展区展放着威海籍著名剪纸艺术家王言昌的剪纸作品和威海籍美术创作者的国画、油画作品，收藏着著名军旅画家高泉、刘家生，中央美术学院教授陈坚等人的作品；书法展区展放着威海籍书法家单国防、徐德晋等人的书法作品，收藏着著名书法家史世奇等人的作品；摄影展区展出的是威海籍摄影家和摄影爱好者的作品；音乐展区展放着威海籍音乐家戚建波、曲波的音乐作品光盘。后厅内还收藏着 600 多部在威海地区发行放映过的老影片拷贝。

秋色赋艺术馆收藏的 600 多部老电影拷贝（2016 年）
戚桂庆　摄

秋色赋艺术馆建成并投入使用后，以其由社区投资建设和主要收藏、展示威海籍文化艺术成果的特色，成为威海文化的重要标志，是威海境内外文化艺

术交流的重要场所，是中国美术家协会水彩画艺术委员会的写生基地，吸引了威海境内外众多文化艺术家和爱好者前往交流参观，也是各级领导到威海的常访之地。至 2016 年，艺术馆先后接待各类访问、参观者 6 万多人次。

**戏剧表演** 19 世纪后期，陶家夼村部分村民筹资购置两套锣鼓等乐器，在冬季农闲时，制作道具，排练节目，春节期间演出，俗称“办耍”“闹春”。

20 世纪 20 年代至 30 年代，除“闹春”外，每年麦收后，利用短暂的农闲时间，请艺人到村表演木偶戏，当时邻村流传着“陶家夼两头哇，一年一台头子卡（木偶戏）”的俗语。

威海有了流动戏班后，每到年关，村里就请戏班进村唱 3 天大戏，以贺新春。每逢陶家夼村唱大戏时，周边村的村民会前来看戏，城里商家也会在此设摊做生意，村内一派热闹非凡的景象。受戏班的启发，村里的戏曲爱好者开始自编自演一些歌剧、舞剧，在本村和邻村演出。1935 年排演的歌剧《桂香打柴》，除在本村演出外，还应邀到戚家庄、神道口、长峰等村巡回演出。1938 年日军侵占威海卫后，演出活动被迫停止。1945 年 8 月威海卫解放后，人们欢欣鼓舞，陶家夼村组成秧歌队、活报队到威海卫城里敲锣打鼓，舞狮舞龙，庆祝解放。

1946 年冬，陶家夼村成立剧团，排演《防奸防特》《兄妹开荒》《新编小放牛》等新编剧目，受到村民的欢迎。1947 年冬，为动员村民参军，反击国民党军队进犯威海卫，保卫胜利果实，村剧团及时排练了《参军》《张德宝归队》《李万金回头》等剧目，春节

2015 年戏剧票友在社区庆“七一”文艺晚会上表演吕剧选段　　王雪燕　摄

期间与驻村解放军联欢时演出，坚定了军民团结必胜的信心。

1948—1958 年，陶家夼村剧团排演的节目有：歌剧《刘胡兰》《王贵与李香香》《小女婿》、吕剧《龙凤面》、黄梅戏《天仙配》等。1970 年 10 月大果库建成后，陶家夼村有了室内舞台，戏剧演出不再都是露天。陆续排演了吕剧《红嫂》、小歌剧《一块银元》、革命现代京剧《红灯记》《智取威虎山》等。1973 年陶家夼村购置电影放映机后，定期在村里放映电影，村剧团解散。1992 年和 1997 年陶家夼村相继开始举办庆“七一”文艺演出和广场纳凉晚会后，村里的戏剧票友自发组织起来，排练一些小剧目参加演出。

**庆“七一”文艺演出** 1992 年，为庆祝中国共产党成立 71 周年，丰富和活跃村域文化活动，展现新农村风貌，陶家夼村在 7 月 1 日晚举办陶家夼村第一届庆“七一”文艺演出，村内企业、单位和文艺爱好者共 100 多人登台表演舞蹈《送吉祥》、京剧选段《都有一颗红亮的心》等 23 个节目，观众达 1200 余人。这次演出后，村民反响很大，纷纷要求继续举办此类活动，为此，村党支部、村委会决定将这一活动持续开展下去。

随着庆“七一”文艺演出活动的不断开展，村民们热情高涨，而村办各企业也自发地成立自己的文艺小分队，利用空闲时间，精心排练节目。

2000 年，为丰富演出形式，密切与各共建单位的联系，陶家夼村开始邀请驻村外来企事业单位、参与双拥共建驻军、竹岛办事处中心小学（今威海市翠竹小学）等参与演出。2003 年，陶家夼社区成立大川艺术团，负责社区内节目的编排指导和演出人员

金色桃源舞蹈队在庆“七一”文艺晚会上表演舞蹈《彩云之南》（2016 年） 张冠华 摄

的培训，提高演出质量。同年开始，演出不再只限于在本社区内，还与邻近的戚家夼、戚家庄、望岛社区相互交流演出，演出场次增加至每年五六场。2007 年起，演出节目以社区居民自编自导和反映陶家夼社区生活的作品为主导。2009 年起，为鼓励居民参与演出，提高节目的演出质量，陶家夼社区开始对表现突出的演员和优秀节目予以表彰奖励。2011 年社区活动中心投入使用后，演出不再都是露天。同年起，每年度的演出活动又增加了迎新春文艺演出。2013 年，在大川艺术团的基础上，整合社区内各个文艺团体，成立陶家夼金色桃源俱乐部，承担节目的编导、排练和演出。

至 2016 年，陶家夼庆“七一”文艺演出共举办了 23 届（2008 年，因汶川特大地震停办一届），演出场次达 39 场，参演人员达 3600 人次，观众达 10 余万人次。

**广场纳凉晚会** 1997 年，在威海市环翠区夏季周末广场纳凉晚会的启发和带动下，陶家夼村开始举办周末广场纳凉晚会。1997 年首届纳凉晚会共举办 8 场，参演人员 360 人次，观众 4000 多人次，受邀或自发参加演出的有村文艺团体和文艺爱好者，外村民间艺术团体和企事业单位的文艺宣传队，演出节目有器乐演奏、歌唱、舞蹈、戏曲、杂技等。

2001 年开始，晚会增加知识问答、有奖问答、激情广场大家乐等内容，演职人员与观众互动，现场颁发奖品，进一步激发了观众的参与积极性。2004 年起，纳凉晚会由每年举办五六场，增至每年 7 月到 9 月连续举办 3 个月 10 余场。最多的一年（2007 年），共举办 17 场，参演人员达 900 多人次，观众达近万人次。

至 2016 年，陶家夼社区广场纳凉晚会共举办了 18 届（2008 年，因汶川特大地震停办一届），共举办晚会 210 余场，参演人员达 1 万多人次，观众达 16 余万人次。

2011 年广场纳凉晚会现场

2011 年，小品《三号楼长》在威高大剧院演出
谷金海　摄

大型诗朗诵《烈火真情映大川》演出剧照（2014 年）
刘芳琳　摄

**文艺创作**　陶家夼优美的环境，淳朴的民风，舒适安逸的生活，浓厚而又活跃的文化氛围，催生和孕育了苗俊荣、陶遵和、陶洪涛、陶俊祯等众多本土艺人，也吸引了柏荣春、江先春、李强等慕名而至、到此栖居的客籍艺人。他们中有知名漫画家李强，更有众多醉心艺术创作、笔耕不辍的民间艺人。这些艺人大都扎根陶家夼，陶家夼的好山、好水、好人是他们不竭的创作源泉，不断激发着他们的创作灵感，促使他们用自己的艺术作品记录陶家夼、反映陶家夼，表达对陶家夼这片人居福地的热爱和赞美。

苗俊荣编导的小品《三号楼长》获威海市环翠区 2013 年度区级优秀导演奖，陶建军、肖伟创作编导的大型诗朗诵《烈火真情映大川》被评为 2014 年度区级优秀原创节目。至 2016 年，陶家夼金色桃源俱乐部文艺节目创作组共创作歌舞、戏曲、小品等节目 50 余个。

苗俊荣（左一）在指导金色桃源老年舞蹈队排练（2016 年）　　戚桂庆　摄

## 链接：文艺人物

文艺编导苗俊荣　苗俊荣原为陶家夼幼儿园教师，退休后发挥文艺编导和演出的特长，积极参与社区各种文艺演出活动，先后担任大川艺术团和金色桃源俱乐部总编导，精心策划和编导每场文艺演出，排演出许多深受社区居民喜爱的文艺节目，是社区文艺活动的核心和骨干。

陶遵和在进行根艺创作

工艺美术家陶遵和　陶遵和是陶家夼社区的一位根雕、国画创作者和奇石收藏者，曾担任威海市根艺奇石协会会长、山东省花卉盆景奇石艺术家协会副会长，是中国根艺美术学会理事、中国美术家协会理事、中国书画家协会理事、华夏书画院院士、中国国家书画院副院长、世界华人艺术家联合会会员。1993 年自幼喜欢绘画的陶遵和开始根艺创作和奇石收藏后，技艺不断提高，造诣日渐深厚。1995 年，在山东省第二届奇石盆景根艺花卉评比展中，他的根雕作品《难圆绿色的梦》获一等奖，《高峰秋色》获三等奖，《汗与甜》《童趣》获佳作奖。1996 年，在第四届中国名人藏石精品展暨根艺、奇石邀请展中，他的根雕作品《伏击》获二等奖，奇石《争艳》获一等奖。同年，陶遵和被联合国教科文组织和中国民间艺术家协会授予“民间工艺美术家”称号。2005 年，陶遵和开始国画创作并专攻梅花创作，有多幅作品被《大众日报》《前卫报》《山东画报》等报刊刊登。2008 年，陶遵和的作品《激情报春燃情华夏》入选“奥运之歌”大展，并被载入《奥运之歌：走向世界的艺术大师》[①]。2014 年，其作品《迎春》获第二届中国文化和平奖评比金奖。2016 年，陶遵和在威海市美术馆举办“大美春梦　铁骨咏芳”个人画展，同年出版个人画集——《陶遵和国画集》。

---

① 丁振海主编，中国文史出版社 2008 年版。

陶俊祯在创作

陶洪涛在创作

油画创作者陶俊祯　陶俊祯是陶家夼社区的一位油画创作者，是中国工艺美术家协会会员、山东省油画学会会员、威海市美术家协会会员。陶俊祯以油画见长，其油画作品多以威海本土风情为题材。2011 年潍坊国际风筝节期间，成功举办“放飞艺术”个人油画作品展。2014 年，作品《海草房》入选山东省美术家协会主办的第六届齐鲁风情油画展。2015 年，作品《海上打工者》入选山东省美术家协会主办的第七届齐鲁风情油画展。2016 年，作品《远去的村落》入选山东省美术家协会主办的第八届齐鲁风情油画展。

国画创作者陶洪涛　陶洪涛是陶家夼社区的一位国画创作者，擅长人物、山水画创作。为山东省美术家协会会员、山东省美术设计家协会会员、山东省青年作家协会会员、威海市美术家协会会员、威海市书法家协会会员、威海市环翠区传统文化研究会副主席、胶东八友书画研究会会长。2001 年，其作品《赖以生存的地球》获山东省第七届优秀广告设计作品展优秀奖。2002 年，作品《金色的海滩》获山东省第二届广告人书画作品展铜奖。2003 年，作品《丽人游春图》获山东省第三届广告人书画作品展铜奖。2004 年，作品《游春图》获山东省第四届广告人书画作品展金奖。2007 年，作品《海带女》获山东省第六届广告人书画作品展铜奖。2014 年，作品《十月的银滩》入选首届山东（国际）美术双年展，同时入选山东省庆祝建国 65 周年书画作品展。

江先春在创作

2016 年 11 月，柏荣春用双钩书法为九曲蒋家村题字留念　　肖伟　摄

风水山水画家江先春　江先春于 1993 年移居陶家夼社区，曾在中央美术学院、中国书画函授大学学习，现为胶东画院院长、一级美术师。他以“山为骨架，水为血脉”的风水理论指导其山水画创作，作品多依山傍水，负阴抱阳，藏风聚气。其作品《紫气东来图》曾获孔子金象艺术奖金奖。

书法家柏荣春　柏荣春毕业于中国书画函授大学，系黑龙江省书法家协会会员、秋色赋艺术馆馆长。他的书法以隶书和行书见长，兼具传统和现代风格。1992 年定居威海后，一直潜心钻研双钩书法，造诣日臻深厚。2016 年到山东省招远市九曲蒋家村参观学习时，用双钩书法代表陶家夼社区为九曲蒋家村题字留念，令包括 1 名中国书法家协会会员在内的所有陪同人员惊讶不已。

动漫画家李强　李强为山东省漫画家协会理事、山东省美术家协会会员、威海市漫画家协会副主席。主要作品有漫画《BT 西游》系列、《猫鼠大战 36 计》系列、《西行学院》系列、《企鹅之家》系列，动画《润洁物语》《冬暖系列》《神羊亭》等。

2002 年李强到陶家夼社区定居后，其漫画创作日臻炉火纯青。先后在《漫画大王》《幽默大师》《中国漫画》《漫画世界》《漫画月刊》《儿童漫画》等百余家报刊上发表漫画上万幅。作品曾获 2002 年首届全国道路交通安全漫画大赛一等奖、2003 年“恒雅杯”全国环保 Flash 大赛二等奖、2003 年“网友杯”全国 Flash 大赛二等奖，入选历届山东省漫画大展、2016 年“子恺杯”第十一届中国漫画大展等诸多展览，《醒狮之

李强在创作漫画（2015 年）　　　　初培霞　摄

路》《气定乾坤》《欢天喜地》等 20 幅作品被威海市博物馆收藏。2004 年，出版个人画集《游戏小生》。2016 年 2 月，李强被评选为第二届“威海市文化名家”。

**文艺演出团体**　1946 年冬，陶家夼村成立业余剧团，陶传厚任团长，利用冬闲时间，排演京剧、吕剧等，在本村演出或到周边村庄交流演出。1973 年后，由于村购置电影放映机，定期放映电影，村剧团解体。

1992 年和 1997 年陶家夼村相继开始举办庆“七一”文艺演出和广场纳凉晚会后，村中一些文艺爱好者自发组织起来，排练一些小剧目参加演出，村办各企业也成立自己的文艺小分队，利用空闲时间，精心排练节目，参加演出。2003 年 7 月，陶家夼社区成立大川艺术团，艺术团由苗俊荣负责策划编导，在排练节目参加演出的同时，负责社区内节目的编排指导和演职人员的培训，时有团员 80 余人。

2013 年，在大川艺术团的基础上，整合社区内各个文艺团体，成立陶家夼金色桃源俱乐部，肖伟任主任，苗俊荣任总编导。俱乐部下辖文艺节目创作组、舞蹈队、器乐

正在排练的金色桃源俱乐部器乐队（2011 年）

金色桃源俱乐部大鼓队为“山东省百县千村书法文化下乡活动威海市环翠区陶家夼社区启动仪式”进行庆祝表演（2013 年） 刘芳琳 摄

队、京剧票房、吕剧票房、合唱队、秧歌队、交谊舞队等 10 支群众性演出团体，共有会员 360 余人，具体负责组织安排社区的各项文艺活动，编排和导演反映陶家夼社区生活的节目，参加社区庆“七一”文艺演出、迎新春文艺会演和对外交流演出。同年，陶家夼金色桃源俱乐部评为“威海市环翠区优秀社会组织”。

# 居民生活

农业合作化使陶家夼人依靠集体的力量，改变了一穷二白的面貌，摆脱了食不果腹、衣不暖身的贫穷状况，成为远近闻名的富裕村。改革开放使陶家夼经济突飞猛进，居民收入大幅增加，养老、医疗、教育等社会保障不断增强，生活观念、生活方式与时俱进，过上了“逍遥人间不羡仙”的幸福生活。

生活在陶家夼社区的居民是幸福自豪的，衣食住行、养老保障、医疗保障、教育保障为居民构筑了新时代的中国梦。

## ◉ 收入与消费

**收入** 陶家夼建村后，村民主要以务农维持生计。由于村里的土地大都是山构薄地，正常年景，粮食亩产 50 千克左右，有土地、有劳动力的农户尚能维持生活，土地少的农户即使有劳动力，也常常是“半年糠菜半年粮”，没有劳动力的农户生活非常艰难。为增加收入，维持生活，大多数村民兼营副业，或养蚕、制冰、绣花，或外出打短工、到码头当搬运工。遇到干旱、蝗灾等灾荒年份，粮食歉收，有些村民不得不靠乞讨为生。由于收入低、生活贫穷，许多男青年娶不上媳妇，只好远走他乡谋生或投亲靠友寻觅生计。至 1945 年，村里先后有 40 多名青壮年外出“闯关东”“闯崴子”“下南洋”。“山高石头多，出门就爬坡，好青年再能干，想娶媳妇实在难”是当时陶家夼村流传的顺口溜。

1946 年土地改革后，政府推广良种，粮食产量有所提高，亩产由 50 千克左右增加到 150 千克左右。同时，很多农户在陶遵祜的带动下，栽植经济效益高的果树，收入有了较大增长。1952 年，为避免农村出现新的地主和无地农户，在政府的引导下，76 户农户以犋犋组、帮工组、互助组的形式自愿组成 8 个农业生产互助组织，农业生产能力有所提高。1954 年秋和 1955 年秋，陶家夼村 69 户农户（占全村总户数的 85%）以土地入股，相继成立 3 个初级农业生产合作社，合作社实行统一经营，集体劳动，年终净收入扣除公共积累后，按“地三劳七”（年终分配时，十分之三的按各户入股的土地权分配，十分之七按各户参加劳动所获土地权分配）比例分配。

1956 年陶家夼光明高级农业合作社成立后，社员参加集体劳动，按工分进行年终集体分配，收入随着集体经济的发展稳步增加。由于陶家夼村以果业为主，村集体经济和社员收入明显高于其他以种植业为主的村。1965 年，陶家夼村为缩小因劳动力不均导致的分配差距，开始实行“二八”分配制，使劳动力少、人口多的农户分配收入增加，生活得到保障。“二八”分配制体现了社会主义制度的优越性，后在威海市广泛推广。

1967—1979 年，集体经济收入虽逐年增加，但为扩大集体经济积累，社员年人均分配收入一直在 185 元上下浮动。

改革开放后，村办工业迅速发展，逐步取代果业成为陶家夼村的经济支柱，村集体经济收入大幅提高，收入分配兼顾集体和个人的利益，同步增加，村民收入逐年提高。1994 年 3 月威海市大川股份有限公司成立后，179 名村民入股，收入增加了股息和分红。1997 年 4 月取消村民个人股份后，原在威海市大川股份有限公司入股的村民不再享受股息和分红。2000 年，村民人均年收入达到 11000 元。2001 年 9 月陶家夼撤村改社区后，村民全部转为城市居民，农村劳动力全部转入威海市大川集团有限公司，工资成为村民收入的主要来源。2015 年 6 月 27 日，陶家夼社区居委会集体产权制度改革完成，注册成立威海市环翠区竹岛街道陶家夼经济股份合作社，符合条件的居民开始享受自 2015 年 4 月 30 日改革基准日计算的个人股权收益。至 2016 年，村民人均年收入达到 24862 元。

1956—2016 年陶家夼人均年收入一览表

表 6　　　　单位：元

| 年份 | 人均收入 | 年份 | 人均收入 |
|---|---|---|---|
| 1956 | 80 | 1961 | 172 |
| 1957 | 90 | 1962 | 178 |
| 1958 | 74 | 1963 | 213 |
| 1959 | 97 | 1964 | 199 |
| 1960 | 96 | 1965 | 104 |

续表 6

| 年份 | 人均收入 | 年份 | 人均收入 |
| --- | --- | --- | --- |
| 1966 | 141 | 1992 | 1788 |
| 1967 | 170 | 1993 | 3000 |
| 1968 | 186 | 1994 | 5000 |
| 1969 | 182 | 1995 | 6100 |
| 1970 | 185 | 1996 | 8000 |
| 1971 | 178 | 1997 | 8800 |
| 1972 | 181 | 1998 | 10500 |
| 1973 | 171 | 1999 | 10600 |
| 1974 | 185 | 2000 | 11000 |
| 1975 | 186 | 2001 | 11000 |
| 1976 | 186 | 2002 | 11600 |
| 1977 | 200 | 2003 | 12600 |
| 1978 | 252 | 2004 | 13600 |
| 1979 | 315 | 2005 | 14200 |
| 1980 | 356 | 2006 | 15500 |
| 1981 | 447 | 2007 | 16275 |
| 1982 | 465 | 2008 | 17080 |
| 1983 | 621 | 2009 | 17930 |
| 1984 | 921 | 2010 | 19005 |
| 1985 | 846 | 2011 | 20145 |
| 1986 | 855 | 2012 | 21350 |
| 1987 | 754 | 2013 | 22410 |
| 1988 | 834 | 2014 | 23080 |
| 1989 | 894 | 2015 | 23770 |
| 1990 | 995 | 2016 | 24862 |
| 1991 | 1464 | | |

**消费** 1956 年前，陶家夼村村民收入低，日常消费主要是购买基本生活用品和农具，支出较少。逢年过节和建房、婚嫁、丧葬时，支出较多，村民消费一般需要长时间积攒。

1956 年后，村民用于改良农具的消费增加，支出增多。1958 年人民公社化后，村民的衣食消费基本是用配发的布票、肉票等证票购买，支出较稳定。家里有学生的农户需支付学费和书本费，支出略高。

1979 年后，随着改革开放和经济发展，村民的消费观念、生活方式逐渐发生转变。饮食由吃饱转向吃好，服饰由穿暖转向追求时尚，生活用具开始添置电视、冰箱、洗衣机等家电，注重子女的教育，社会交际和文化娱乐活动增多，村民支出由单一的衣食消费向多元化消费转变。

1993—2009 年，陶家夼分期分批进行旧村拆迁改造，村民借搬进新楼房的时机，根据家庭的经济条件，对新房进行不同程度的装修，添置新的家具和家用电器。这一时期，村民的支出大幅增加。

2009 年后，居民生活追求舒适、时尚和健康，用于交通通信、文化教育和娱乐、医疗保健的支出比例不断增大。

2016 年陶家夼社区 10 户居民家庭消费调查情况表

表 7　　　　单位：人、元

| 家庭 | 人口 | 消费总额 | 食品 | 衣着 | 设备用品及服务 | 医疗保健 | 交通和通信 | 娱乐文教服务 | 居住 | 杂项商品和服务 |
|---|---|---|---|---|---|---|---|---|---|---|
| 张　琦 | 2 | 47600 | 13000 | 3600 | 2800 | 8700 | 10000 | 5200 | 1200 | 3100 |
| 谷金海 | 3 | 45200 | 12000 | 10000 | 2000 | 2000 | 15000 | 2000 | 1200 | 1000 |
| 郭永刚 | 3 | 937600 | 10000 | 5000 | 150000 | 5000 | 10000 | 5000 | 750000 | 2600 |
| 郭莎莎 | 4 | 113200 | 12000 | 3400 | 6400 | 4000 | 20000 | 3800 | 60000 | 3600 |
| 陈兵男 | 3 | 1020200 | 12000 | 6800 | 4800 | 3600 | 15000 | 12000 | 960000 | 6000 |
| 高茂程 | 3 | 47400 | 13000 | 6000 | 3000 | 2600 | 12000 | 5000 | 1000 | 4800 |
| 李仁潭 | 4 | 830800 | 18000 | 15000 | 4800 | 5000 | 25000 | 8000 | 750000 | 5000 |
| 王晶晶 | 3 | 36400 | 8000 | 4000 | 3600 | 2000 | 6000 | 3800 | 2000 | 7000 |
| 车海玲 | 3 | 70000 | 13000 | 5000 | 4000 | 2000 | 10000 | 30000 | 2000 | 4000 |
| 李永华 | 3 | 51000 | 10000 | 5000 | 6000 | 8000 | 12000 | 3000 | 2000 | 5000 |

## ◉ 衣食住行

**服饰**　20 世纪 50 年代前，陶家夼村村民的服饰变化不大。务农男性大多是头戴毡帽，上穿对襟短袄，腰扎破布绳，下穿扭裆裤，扎裤脚，脚穿纳底布鞋。冬天上山劳动时，为保暖和防水、防滑，一般穿用新鲜猪皮缝制的“猪皮绑”或用破旧轮胎外胎缝制的“乌拉绑”。

20 世纪 30 年代，当地人的穿着

20 世纪 50 年代前，村民陶传康的穿着

农妇大多头戴“包头巾”，上穿大襟短袄，下穿扭裆裤，扎裤腿，脚穿纳底绣花鞋或布鞋。衣服面料多是自纺、自染的土布，颜色以蓝、黑为主。由于生活艰苦，平日穿的都是带补丁的旧衣服，只有过年时才缝制新衣，且在逢年过节或走亲探友时穿，平时舍不得穿。外出做生意的人、公职人员、教师、读书人，一般头戴礼帽，围针织围脖，身穿长袍，脚穿布鞋或皮鞋。富庶人家男性一般头戴礼帽、貂皮帽，身穿绸缎长袍马褂，脚穿皮鞋或皮靴；女性一般佩戴耳环、手镯等金银首饰，身穿绸缎旗袍，脚穿高跟鞋或绸缎面皮底绣花鞋。20 世纪 50 年代后，长袍马褂逐渐被淘汰。青年人逐渐流行穿中山装、“列宁装”，女青年开始穿裙子。20 世纪 60 年代初，青年开始穿灯芯绒、咔叽布面料的“青年服”。“文化大革命”初期，男女青年一度流行戴军帽，穿军装，穿军胶鞋，上衣兜插钢笔，胸戴毛泽东像章或语录牌，腰扎武装带。妇女不再佩戴金银首饰。20 世纪 70 年代，村民流行穿的确凉、涤卡、尼龙等面料服装和自织的毛衣。

至改革开放前，受生活水平和艰苦朴素思想观念影响，村民平日的服装多带补丁，“新三年，旧三年，缝缝补补又三年”是当时的真实写照。改革开放后，随着生活水平的不断提高和思想观念的解放，村民不再穿带补丁的衣服，年轻人戴帽子的越来越少，服饰变化逐渐加快，服装无论是面料还是款式，几乎是“季季都有新花样，年年都有新时装”。1980 年前后，村里个别青年效仿欧美等国和中国港台地区，穿花衬衣、喇叭裤，戴“蛤蟆镜”，男青年留长发。20 世纪 80 年代中期，开始穿西服，打领带，穿皮鞋。至 20 世纪末，在年轻人中，夹克、猎装、运动服、短裙、牛仔服、毛衣、绒衣、“面包服”、皮衣、皮裤、老板服等成为人们不同季节、不同场合的着装；女性佩戴耳环、项

20 世纪 50 年代，当地人的结婚照

20 世纪 80 年代，当地青年的服饰

20 世纪 90 年代一家四代的服饰

链、手镯，再次流行。进入 21 世纪后，居民服饰转向舒适化、休闲化、养生化、个性化，各种质地、款式、用途的服装随时而变，不胜枚举。

**饮食**

**主副食**　清代中期前，陶家夼村村民以谷、麦、豆类和杂粮为主粮，主食多是用这些原料制成的粗制饭食。清代中期后，主粮逐渐变为地瓜（即番薯，下同）、玉米、小麦，主食变为地瓜、玉米饼（俗称“粑粑”，下同）、面条等，大都以地瓜为主。至土地改革时，富裕人家做玉米饼时，会掺些豆面，做成口感较好、营养较高的豆面玉米饼（俗称“豆面粑粑”），也时常做些饽饽[1]、面条、小米饭、包子、饺子等改善生活。贫苦人家常因口粮不足，以糠、菜代粮，以各种糠团、菜团充饥，村里有“吃粮不佳，多栽地瓜”“半年糠菜半年粮”的俗语。秋收时，贫苦人家会把地瓜叶、萝卜叶收集起来晒干，以备冬春青黄不接时食用。副食品中的鸡、鸭、鱼、猪等肉类，有钱人家平日里偶尔能享用几顿，贫苦人家除了逢年过节或遇红白事外，难见荤腥。

土地改革后，村民生活逐步改善。一般村民家也能隔三岔五地吃上饽饽、馒头（俗称“卷子”）、面条、包子、饺子等，或享用鸡、鸭、鱼、猪等肉类。至人民公社化时，食用油每人每年使用 1.5 ~ 2.5 千克，主要是花生油和猪油。花生油是用自种的花生到油坊换取，猪油是靠春节前宰杀自家饲养的猪后留下的猪水油炼取而来。人民公社化后，虽然上级规定每人每年可留足 6 千克花生作油料，但至 20 世纪 70 年代末，陶家夼生产大队为多种粮食，花生种植量不足，留作油料的花生从未达到规定数量；猪肉由于凭票

① 饽饽：用小麦面制成的圆形馒头。

陶家夼社区居民家宴美食（2016 年）　　　　戚桂庆　摄

供应，每人每月 0.25 千克（春节时加发 1.5 千克肉票），村民食用油一直不足。1980 年后，随着粮油政策的逐步放开，村民食用油才逐步满足需求，每人每年 15 ～ 20 千克。

改革开放后，村民生活水平大幅提高，地瓜、玉米饼退出主食行列，馒头、面条、包子、饺子、油饼、馄饨等各种小麦面制品成为日常主食。副食品中的鸡、鸭、鱼等肉类和糖、酒不再是稀有物，而且增加了奶及其制品。

进入 21 世纪后，居民吃腻了大鱼大肉，饮食追求健康养生，过去为果腹而吃的地瓜、玉米饼、菜团和五谷杂粮饭食等反而成了饮食新宠，时常登上餐桌。至 2016 年，居民年人均消费肉 25 ～ 30 千克、蛋 20 ～ 25 千克、奶 30 ～ 35 千克。

**菜肴**　土地改革前，陶家夼村除了一些富户平时能吃上煎、炒、烹、炸的菜肴外，贫穷农户基本上是以各种腌菜、酱菜佐饭，难得吃上一顿炒菜。土地改革后至 20 世纪 80 年代前，村民生活虽有明显改善，但食用煎、炒、烹、炸的菜肴仍是以过年、过节和待客时为主，日常菜肴多为少油少肉的素炒菜。80 年代后，各种煎、炒、烹、炸的荤腥菜肴逐步成为村民饭桌上的常见之物，可尽情享用。进入 21 世纪后，居民讲究健康养生，喜食素菜，油炸菜肴和多油多肉菜肴食用量减少。

**饮水**　1988 年前，陶家夼村村民的饮用水为井水。1988 年在建设 1 号楼（今四方路 81 号楼）时，接通威海市自来水厂的自来水。1993 年，威海市自来水厂在村南山建起 1 座自来水压力池，全村通上自来水。1997 年后，村民开始饮用矿泉水（俗称“大桶水”）。进入 21 世纪后，部分讲究养生的居民，常到马铺泉、长寿泉接山泉水饮用。

**居住**　20 世纪 60 年代前，陶家夼村村民居住的都是“草苫房、土石墙、纸糊窗、土坯炕”。房顶用海草、贝草或茅草苫盖；墙用石头砌筑，内壁用土坯砌筑；窗户为木棱纸糊窗，分上下两扇，下扇固定，上扇可向内撑开；炕为土坯炕。

住宅朝向，除野鸡夼受地形影响，为坐西面东或坐东面西外，其他地方都为略偏东南的坐北面南。

住宅格局，富庶人家一般是一进四合院加前院和一进四合院两种类型，普通农户是三面房一面墙型，穷苦农户是一面房三面墙型。

一进四合院加前院的布局（以坐北面南的四合院为例，下同）为：北面正房 5 间，中间为正间（亦称“明间”），开前门后窗（有后花园的开后门），房内前门后东西两侧建灶台，北墙后窗西边放橱柜，东边放水缸；正间两侧依次为二明间和套间（亦称“里房”），开前窗，房内南墙窗下盘炕，炕上与外门相对的墙边叠放被褥，有的人家放一炕几，被褥叠放在炕几上，北墙贴墙放置箱橱等家具。南面前屋 5 间，东边一间为过道间，中间房间开南门，其他房间开南窗，平时用以待客，过年时用作祠堂供奉祖先，开门的房间靠北墙处摆放 1 张八仙桌，桌子两边各放 1 把太师椅，桌上方墙上平时挂字画，过年时挂族谱。正房与前屋之间的院子称为“后院”，后院两边盖厢房，西厢房 3 间，作为仓库和磨坊（养牲畜的为牲口棚），西厢房与正房之间建猪圈，与前屋之间建厕所，东厢房 2 间，作为雇工住屋，南山墙兼作影壁。前屋南面院子称“前院”，一般用作园地和堆放柴草，前院东、西、南三面套院墙，南院墙中间为带门楼的临街门。

一进四合院的布局与一进四合院加前院的布局大致相同，但没有前院，前屋为倒房，倒房过道间设临街门。

三面房一面墙型的布局与一进四合院布局的不同之处是：正房 4 间或 3 间，没有倒房，院子南面套院墙，院墙中间（一般偏东一点，以免正对正房的正门）为带门楼的临街门。

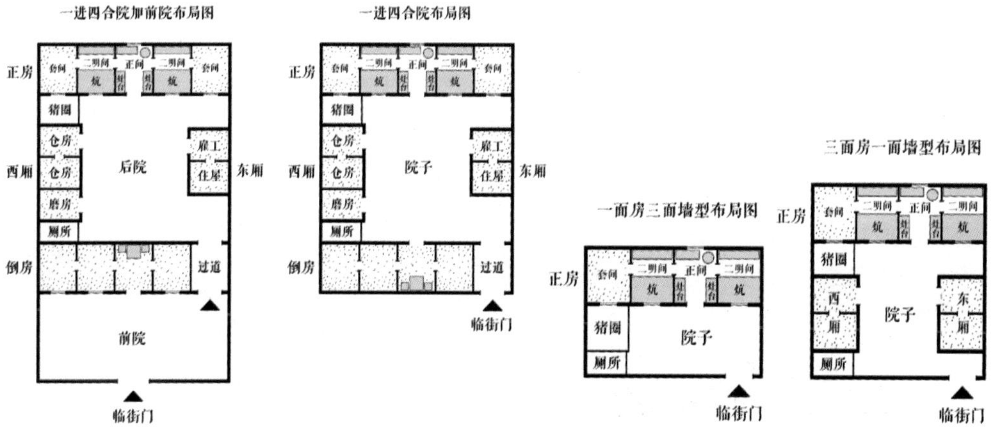


20 世纪 60 年代前，陶家夼村村民住房结构示意图

一面房三面墙型的布局是：北面 4 间或 3 间正房，房前东、西、南三面套院墙形成院子，院子西南角建厕所，紧挨厕所北边建猪圈，南院墙开带门楼的临街门。

60 年代，社员建房需由人民公社审批宅基地，宅基地统一规定为每户 2 分地（约 133.3 平方米）。新建住宅格局为三面房一面墙型或一面房三面墙型，布局与之前大致相同，但房屋要高大、宽敞、明亮些。

70 年代，社员新建住宅较 60 年代的布局没有太大变化，但房屋质量有很大提高，墙用砖石砌筑，房顶用瓦覆盖，门窗换作玻璃门窗，屋内更明亮。三面房一面墙型的西厢房为晒粮而改为平顶房（村民习称为“平房”），有的农户将旧房的西厢房也改为平房。1976—1980 年，村里先后建 3 排“大寨楼”。参见本志“大事纪略 · 农民住上‘大寨楼’”。

80 年代中期以后，村民新建住宅都是一进四合院型，住宅布局为：北面 4 间正房，进门正间为前门后窗，作客厅，客厅内北墙放三人沙发，东、西两边相对放单人沙发，沙发间放茶几。客厅东、西两边为前开窗起居室，年轻人的起居室内撤炕改床，西起居室的西面隔壁是套间，为餐厅和储藏间，套间开前门后窗，前门与西平房相通；院子东、西、南三面建房顶相连在一起的平房，有的农户家东面仍建厢房；西平房紧挨正房，与套间相通，由北向南，依次为厨房、仓库、盥洗室，西平房与南平房之间留有宽约 1 米的过道通向南平房西端的厕所；南平房中间的房间为过道间，安装木质或铁质临街门，其他房间和东平房的房间均作仓库；东平房与正房间隔 2 米左右，贴平房建通向房顶的楼梯。这一时期，一些农户在翻建旧房时，会按此布局进行改造。90 年代初，住宅门窗改为铝合金门窗，屋内和院子地面改为水泥地面，有的屋内地面铺

20 世纪 80 年代前，陶家夼村村民家中的摆设

旧村拆迁改造后保留下来的海草房（2016 年）　　戚桂庆　摄

瓷砖或地板。

1993 年，陶家夼村开始分期、分批实施住房拆迁改造。至 2007 年 9 月，除保留 5 户海草房外，其他旧住宅全部拆除。2009 年，原陶家夼村村民全部回迁住进楼房，新建楼房布局为三室一厅一卫一厨和两室一厅一卫一厨。

**出行** 20 世纪 30 年代前，少数富裕人家走亲访友时或骑驴、骡、马，或坐苫子，多数村民出行靠步行，妇女儿童或坐木轮小推车。30 年代十几户村民集资置办畜力大车拉货、开展运输后，村民出行有时坐大车。自行车传入威海后，个别富裕农户购买自行车用于出行。至中华人民共和国成立，全村有自行车 7 辆，1958 年发展到 26 辆。至 60 年代中期，凡有青壮年的家庭都有自行车。80 年代初期，摩托车开始进入村民家庭。至 1990 年，全村有摩托车 30 多辆。90 年代中期，家用货车和轿车开始进入农户。1996 年 5 路公交车开通进村后，村民出行多乘公交车。进入 21 世纪后，家用汽车逐渐普及，至 2016 年，几乎家家都有汽车，有的还不止 1 辆。

20 世纪 20 年代，当地人出行使用的木轮小推车

20 世纪 20 年代，当地人出行使用的驮篓

20 世纪 30 年代，当地妇女骑骡出行

20 世纪 30 年代，当地人出行乘坐的苫子

# ◉ 社会保障

## 养老保障

**劳保金** 1980年，陶家夼村开始实施退休劳保金制度，经党支部研究决定，全村干部扩大会议通过，村民男65周岁、女60周岁退休后，根据其退休前在村中的职务、党龄、工作年限评定出3个劳保金等级，享受退休劳保金待遇。1993年，退休年龄变更为男60周岁、女55周岁，劳保金等级由3个变为6个。1994年3月，劳保金等级评定标准首次经职工代表大会通过，并纳入陶家夼村《村规民约》。此后，评定标准多次经职工代表大会修订，至2006年8月，劳保金等级评定标准最终确定。2008年开始，享受劳保金待遇的退休居民个人参加威海市社会养老保险的，同时享受劳保金待遇和威海市社会养老保险待遇。至2012年6月，所有享受劳保金待遇的居民全部参加社会养老保险。同年7月，劳保金制度废止。

劳保金制度开始实施后，其发放金额随着村（社区）集体经济的发展而不断上调。

**1980年至2012年6月陶家夼劳保金发放情况统计表**

表8

| 年份 | 领受人数（人） | 发放金额（元） | 年份 | 领受人数（人） | 发放金额（元） |
|---|---|---|---|---|---|
| 1980 | 68 | 12948.0 | 1997 | 86 | 54240.0 |
| 1981 | 62 | 13744.9 | 1998 | 86 | 54792.0 |
| 1982 | 63 | 13259.9 | 1999 | 103 | 86184.0 |
| 1983 | 64 | 13294.6 | 2000 | 111 | 93504.0 |
| 1984 | 62 | 13050.5 | 2001 | 108 | 107100.0 |
| 1985 | 69 | 14655.8 | 2002 | 112 | 110964.0 |
| 1986 | 69 | 14952.7 | 2003 | 111 | 239520.0 |
| 1987 | 71 | 15231.7 | 2004 | 106 | 250400.0 |
| 1988 | 71 | 15266.6 | 2005 | 105 | 290280.0 |
| 1989 | 72 | 15510.9 | 2006 | 102 | 323040.0 |
| 1990 | 69 | 14900.3 | 2007 | 97 | 379180.0 |
| 1991 | 67 | 14631.0 | 2008 | 96 | 413280.0 |
| 1992 | 67 | 14631.0 | 2009 | 95 | 483780.0 |
| 1993 | 71 | 18768.0 | 2010 | 93 | 708360.0 |
| 1994 | 81 | 20760.0 | 2011 | 89 | 880400.0 |
| 1995 | 85 | 38352.0 | 2012 | 82 | 406700.0 |
| 1996 | 85 | 38616.0 | | | |

1980 年发放金额为：一等 249.6 元、二等 218.4 元、三等 171.6 元，平均每人 190.4 元；1993 年发放金额调整为：一等 408 元、二等 300 元、三等 240 元、四等 216 元、五等 192 元、六等 168 元，平均每人 264.3 元；2012 年发放金额增加至：一等 11200 元、二等 10600 元、三等 10000 元、四等 9400 元、五等 8800 元、六等 8200 元，至 6 月，共计发放 406700 元，平均每人 4959.76 元。自 1980 年至 2012 年 6 月，全社区先后有 128 人领取劳保金，共计 518.65 万元。

**社会养老保险** 2001 年陶家夼撤村改社区后，凡在威海市大川集团有限公司工作且符合社会养老保险参保条件的职工（除个人放弃外），全部纳入社会养老保险体系。由于社会养老保险的最低缴费年限为 15 年，至退休时工龄不足 15 年的职工需个人补缴足 15 年。2002 年 12 月，经陶家夼社区第七届职工代表大会通过，依据劳保金等级标准对退休职工个人补缴的社会养老保险金按一等 60%、二等 50%、三等 45%、四等 40%、五等 35%、六等 30% 比例予以报销。2012 年，对 82 名原享受劳保金待遇的居民个人缴纳的社会养老保险费，根据其享受的劳保金等级，按“集体补助 80%，个人承担 20%”的标准予以一次性报销，具体报销标准为：一等 42000 元、二等 41200 元、三等 40400 元、四等 39600 元、五等 38800 元、六等 38000 元，共计 330.4 万元。

### 医疗保障

**小药箱** 1956 年，陶家夼村设立“小药箱”，配备一些治疗常见小病小伤的药品和

1981—2002 年陶家夼村村民医疗费报销情况一览表

表 9

| 年份 | 金额（元） | 年份 | 金额（元） |
|---|---|---|---|
| 1981 | 10680 | 1993 | 72258 |
| 1982 | 6472 | 1994 | 95011 |
| 1983 | 4729 | 1995 | 51495 |
| 1984 | 7312 | 1996 | 67222 |
| 1985 | 6504 | 1997 | 82503 |
| 1986 | 7910 | 1998 | 56607 |
| 1987 | 17739 | 1999 | 47750 |
| 1988 | 19748 | 2000 | 202572 |
| 1989 | 21473 | 2001 | 181818 |
| 1990 | 21536 | 2002 | 179116 |
| 1991 | 30779 | 合计 | 1224916 |
| 1992 | 33682 | | |

器械，安排两名略通医疗知识的村民担任卫生员，分别负责两个生产队社员小伤病的免费救治。1965 年村安排陶俊明参加农村卫生员培训后，由其兼任村卫生员。

**公费医疗** 1969 年 1 月，陶家夼开始实行公费医疗。社员患小伤病在村医疗卫生所免费诊治；患大伤病需出村到大医院诊治的，医疗费全部由村集体按规定报销。据统计，1981—2002 年（1969—1980 年资料遗失），累计为村民报销各种医疗费 122.49 万元。

**合作医疗** 2003 年 1 月，随着威海市环翠区农村合作医疗改革，陶家夼社区取消公费医疗制度，社区中原陶家夼村村民和威海市大川集团有限公司职工共 545 人全部参加环翠区居民合作医疗。2003 年度合作医疗基金 280 元/人，进入个人账户 100 元。对个人缴纳的 2003 年度合作医疗基金，大川集团对集团退休职工按其享受的劳保金等级给予不同金额的补助，补助金额分别为：一等 200 元、二等 180 元、三等 160 元、四等 140 元、五等 120 元、六等 100 元，共补助 17540 元；对集团在职职工由各用人单位每人补助 200 元，对在职职工 18 周岁以下的子女，由各用人单位按双职工 200 元、单职工 100 元标准予以补助。参加合作医疗的居民到定点医院——威海卫人民医院和社区卫生服务站就诊时，免交挂号费，药品费（针剂按零售价计，其他按批发价计）、材料费、治疗费、辅助检查（心电图、B 超、X 光、检验等）费、大型检查（CT、磁共振等）费、血液透析费享受半价优惠。陶家夼居委会退休人员和大川集团在职职工，住院医疗费在 3 万元（含 3 万元）以内的，除了国家规定不予报销的费用外，大川集团给予 80% 的报销额度；超出 3 万元的部分，威海卫人民医院减半收取，大川集团给予 20% 的报销额度。

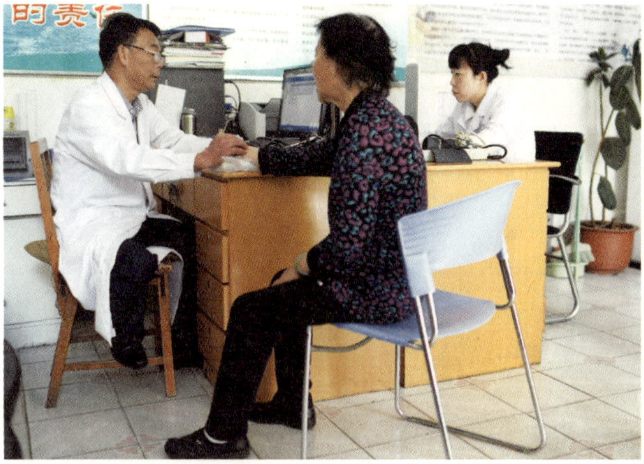

居民在社区卫生服务站就诊（2016 年） 戚桂庆 摄

新型农村合作医疗证及社会保障卡、退休证（2016 年）
王雪燕　摄

2004 年度有 478 人参加合作医疗。大川集团对享受劳保金职工参加合作医疗人员个人缴纳的合作医疗基金按标准共补助 16780 元，对职工为子女缴纳的合作医疗基金不再补助。取消参加合作医疗人员到威海卫人民医院和社区卫生服务站就诊享受医药、诊疗等费用优惠 50% 的政策，按实际发生额收费。

2005 年度有 495 人参加合作医疗。大川集团对享受劳保金职工参加合作医疗人员个人缴纳的合作医疗基金按标准共补助 16640 元。

2006 年度有 273 人参加合作医疗。合作医疗基金调整为 460 元/人，进入个人账户 200 元。大川集团对集团退休职工个人缴纳的参合基金按其享受的劳保金等级给予补助，补助金额分别为：一等 260 元、二等 240 元、三等 220 元、四等 200 元、五等 180 元、六等 160 元，共补助 22300 元。

2007 年 12 月，随着威海市居民基本医疗保险的推行，合作医疗终止。

**社会统筹医疗保险**　2005 年 8 月，经环翠区社会医疗保险事业处批准，大川集团参加社会养老保险的职工（除个人放弃外）全部纳入环翠区社会医疗保险体系。参加社会统筹医疗保险的退休职工，男职工至退休工龄不足 25 年的，需一次性补足 25 年的医疗保险金 17100 元；女职工至退休工龄不足 20 年的，需一次性补足 20 年的医疗保险金 13680 元。是年，共有 193 人参保，共缴纳医疗保险金 1577205 元。

**威海居民基本医疗保险**　2007 年 12 月，威海市政府在全市推广威海市居民基本医疗保险，凡具有威海市城市户籍的居民，且没有参加城镇职工医疗保险的均可参保。2008—2012 年，大川集团共为参保的退休职工缴纳居民基本医疗保险金 82260 元。

2012—2016 年，陶家夼社区的威海市城市户籍居民全部参加威海市居民基本医疗保险。

## 链接：威海陶家夼村为打工者买医疗保险 ①

本报讯 日前，在山东省威海市环翠区陶家夼村打工的王军突然腹部剧烈疼痛，经检查，他患了阑尾炎。检查费花了 100 多元，再加上住院费，共花去 2500 多元，几乎是他两个月的工资。但因村里为他购买了医疗保险，结果他自己仅负担了 500 多元。小王高兴地说："真没想到，我一个打工仔还能享受到这样的待遇。"

陶家夼村坐落在威海市区南部，有 12 家村办企业、3 家独资企业，外来打工者有 1200 多人，2002 年共完成经济总收入 1 亿元。1999 年以来，该村先后被中央文明委授予"全国创建文明村镇工作先进单位"等称号，被民政部、团中央等联合确定为"全国青年文明社区"。今年初，村里决定出资为打工者购买医疗保险，让所有打工者同本村村民享受同等待遇。参加医疗保险者生病时门诊治疗费可报销 50%，住院费可报销 80%，每年年初办理一次。今年该村共为 320 多名外来打工者购买了医疗保险，至今已有 8 名打工者看病治疗所花的费用都及时从医疗保险基金中按比例报销。

### 教育保障

教育经费　1980 年，陶家夼小学与南竹岛小学合并为竹岛中心小学，教育经费由两村共同负担。至 1995 年年底，陶家夼村累计负担办公经费 14.60 万元、教师工资 9.26 万元。1996 年竹岛中心小学转为公办小学后，陶家夼村不再负担该小学的教育经费，但每年仍根据村集体的经济状况，向其提供一定的资助，用于校舍改造和添置教学设备等。

奖学金与促学金　1998 年，陶家夼村党支部、村委会为鼓励本村在校学生努力学习，不断进步，决定设立奖学金和促学金，并于 12 月经陶家夼村第五届职工代表大会审议通过。发放标准为：一、凡是户口在村的原始村民和户口不在村而在村正

① 作者：晓李、汪智杰，原载 2013 年 9 月 16 日《人民日报（海外版）》。

式企业工作八年以上的正式职工的子女，均可享受奖学金：（1）凡正取考上大专以上录取分数线的大学生，村一次性奖励 2000 元，并举行欢送仪式；（2）凡正取考上高中和中专录取分数线以上的学生，村一次性奖励 800 元。二、每年年终举办促学金座谈会：（1）大专以上学生奖 800 元，高中、中专学生奖 400 元；（2）小学至初中年终考试在班级前三名的学生，小学奖 200 元、初中奖 300 元。当年共为 3 名考入大学的学生发放奖学金 6000 元，为 24 名学生发放促学金 22870 元（含座谈会费用）。2001 年 2 月，经陶家夼村第六届职工代表大会审议通过，奖学金和促学金标准调整为：父母任何一方曾在村工作过的原始村民并在村居住或经批准转为企业正式职工的子女，均可享受奖学金和助学金：（1）奖学金：凡正取考上大专以上录取分数线的大学生，一次性奖励 2000 元；考上研究生以上的，一次性奖励 3000 元，并举行欢送仪式。（2）促学金：每年年终召开促学金座谈会，小学至高中年终考试在班级前三名的学生，小学奖 200 元、初中奖 300 元、高中奖 400 元；大专以上的学生奖 800 元。 2006 年 8 月，经陶家夼社区第八届职工代表大会审议通过，奖学金和助学金标准调整为：父母任何一方曾在居委会工作过的原始居民并在社区居住或经批准转为企业正式职工的子女，均可享受奖学金和促学金：（1）奖学金：凡应届高中毕业生高考达到山东省招生办公室公布的一本录取分数线并被录取的，一次性奖励 5000 元；应届大学生考上研究生的，一次性奖励 5000 元。（2）促学金：每年年终召开促学金座谈会，小学至高中年终考试在班级前三名的学生，小学奖 400 元、初中奖 600 元、高中奖 800 元。2007 年后，因义务教育阶段不再排名次，促学金制度终止。至 2016 年，陶家夼累计发放奖学金、促学金共计 308800 元。

全国文明村镇
中央精神文明建设指导委员会
二〇〇五年十月
全国城市物业管理
优秀住宅小区
中华人民共和国建设部
一九九九年
全国创建文明村镇工作
先进单位
中央精神文明建设指导委员会
一九九九年九月
先进单位
全国妇联基层组织建设
示范社区
中华全国妇女联合会
二〇一一年十二月
文明楼栋
全国五好文明家庭创建活动协调小组
二〇〇三年十一月

陶家夼所获国家级荣誉

# 风土民情

陶家夼在长期的历史发展中，受地域环境、经济状况、社会生活等因素影响，在节日、人情往来、饮食、艺术等方面，形成了许多具有地方特色的风土民情。这些风土民情寄托了当地人对美好生活的愿望和追求，展示了陶家夼的地域文化特色，体现了当地人的精神风貌。

## ◉ 特色美食

陶家夼三面环山，一面临海，美食上兼具威海山海文化的韵味。走进陶家夼，人们能品尝到以“威海海鲜八珍”为代表的“海味”和以陶家夼周边山上出产的野菜、野花为原料的“山珍”。

**海鲜**

陶家夼的海味有“威海海鲜八珍”（海参、对虾、鲍鱼、梭子蟹、扇贝、牡蛎、蚬蛤、海带）和鹰爪虾、海胆、贻贝、海肠、爬虾、苦螺、海蜇、小黄花鱼、偏口鱼、加吉鱼、鲅鱼等。到陶家夼旅游做客，可以在酒店、夜市和居民家中品尝到这些美味。住在陶家夼，可以尽享海鲜的饕餮大餐。

**海参** 威海海参属于刺参，体型近圆柱形，两端钝圆，腹部平坦且管足密集，背部有棘突，多为灰黑色或黄褐色。成参体长 20 ~ 40 厘米，个体肥壮，棘突粗大，肉质肥厚，最重达 300 多克。海参肉质鲜嫩可口，食而不腻，且营养价值高，蛋白质、糖类丰富，不含胆固醇，有补肾益精、壮阳疗萎和抗癌功能。海参是海八珍之首，理想的滋补佳品，当地人有冬食海参滋补身体的习惯。海参的传统食用方法是将干参泡发好后做汤或红烧。进入

21 世纪后，喜食生猛海鲜的人常将活海参切成参片沾辣根食用。

“葱爆海参”是当地的一道传统名菜，先将发好的海参放锅中煮片刻，再将葱段用猪白油炸至金黄色，捞出后加调料入笼略蒸，去汤汁，留葱段。将白糖炒至红色，下姜末，放海参略加煸炒，随即放葱油及料酒、清汤、酱油等调料，用旺火烧开，后微火去汤汁大半，再改用旺火，颠翻挂芡入盘。另用旺火加葱油和葱段略煸，撒在海参上即成。葱香浓郁，口味咸甜，软而不烂。

**对虾**　一年生（少数可达两年）大型暖水性洄游虾类。威海海域是对虾洄游的必经之地和产卵的主要场所，每年春、秋两季出产对虾。对虾肉质洁白细嫩，味道鲜美可口，营养极为丰富。据检测，每百克虾肉含蛋白质 20.6 克，还含有脂肪、钙、磷及大量的氨基酸和维生素。鲜活的对虾青中衬碧，玲珑剔透，煮熟后通体橙红，似用珊瑚雕就，观之悦目，食之爽口。当地人食用对虾一般是水煮，以保持其原有的鲜味。用对虾头酿制的虾酱，俗称“虾头酱”“红虾酱”，色泽红润，浓香诱人，倍受人们喜爱。20 世纪 90 年代后，由于海洋环境的变化和资源的衰减，野生对虾日益罕见，成为难得一尝的海珍品。

“油焖大虾”是鲁菜中的名菜，去掉对虾头部，用清水洗净。炒锅内加油，放入对虾，炸至五成熟后捞出，下葱、姜炸出香味，再放入白糖、醋、酱油、精盐、绍酒及对虾，用微火炖煮收汁 5 分钟，之后取出对虾，将原汁浇在对虾上即成。色泽红润油亮，虾肉鲜嫩，其色泽之艳、味道之美，久为人们称道。

**鲍鱼**　海洋中的一种单壳软体动物，壳坚厚，形状像人的耳朵，也叫“海耳”。鲍鱼是海珍品中的上品，肉质细嫩，鲜而不腻，营养丰富。威海境内所产鲍鱼多为皱纹盘鲍，个体较大，是著名的食用鲍，其肉中含有鲜灵素 I 和鲍灵素 II，有较强的抑制癌细

葱爆海参

盐焗对虾

扇贝

胞的作用。鲍鱼壳是著名的中药材——石决明，古书中又叫“千里光”，有明目、清热、平肝、息风的功效，对治疗头昏眼花和发烧引起的手足痉挛、抽搐等症有很好的疗效。鲜鲍鱼肉可清蒸、做汤，也可切成片沾辣根食用，味道极鲜。煮熟的鲍鱼肉，除去内脏后经盐渍、晒干，可制成便于储藏、携带的干制品。

**扇贝**　威海海域是扇贝的主产地之一。扇贝因其外壳呈扇状而得名，是极其名贵的海产双壳贝类。扇贝有着特别肥大的闭壳肌，俗称“扇贝柱”，“威海海味八珍”之一的干贝，就是扇贝闭壳肌的干制品。扇贝肉质鲜嫩，营养丰富，不仅含有蛋白质、脂肪、核黄素、维生素、钙、磷、钾、钠、锌、硒等，具有健脑、明目、健脾、和胃、润肠、养颜护肤、通血、抑癌抗瘤等功效，还含有一种具有降低血清胆固醇作用的代尔太 7-胆固醇和 24- 亚甲基胆固醇，能使体内胆固醇下降，功效比常用降胆固醇的药物谷固醇更强。常见的扇贝有栉孔扇贝、港湾扇贝、虾夷扇贝。扇贝最常见的食用方法是蒸煮和做汤，20 世纪 90 年代后，随着生猛海鲜和烧烤的兴盛，沾辣根鲜食和烤扇贝也成为常见的食用方法。

**牡蛎**　俗称“海蛎子”。牡蛎肉肥爽滑，味道鲜美，营养丰富，素有“海底牛奶”的美称。干海蛎子肉蛋白质含量高达 45% ~ 57%，脂肪含量为 7% ~ 11%，肝糖含量为 19% ~ 38%，此外，还含有多种维生素及牛磺酸和钙、磷、铁、锌等营养成分。其中，钙含量接近牛奶的 1 倍，铁含量为牛奶的 21 倍，是健肤美容和防治疾病的珍贵食物。冬春季节的牡蛎肉最为肥美，是最佳食用的季节，有“凉水蛎子热水蛤”之说。牡蛎肉有很多吃法，一般为做汤、炸蛎肉（习称“炸蛎黄”）或蒸。生蛎肉沾姜醋汁或辣根食用，味道更是异常鲜美，深得喜食生猛海鲜者所爱。

**紫石房蛤**　威海蚬蛤种类很多，常见的有沙蚬、黄蚬、乌贝、沙蛤、花蛤、文蛤、紫石房蛤等。紫石房蛤，俗称“天鹅蛋”，是蚬蛤上品之一，其贝壳坚厚，呈卵圆形，

辣炒花蛤

梭子蟹

壳表黄褐色，壳内面暗紫色并泛珍珠光泽。成贝壳长 6 ~ 8 厘米，重 70 ~ 85 克，体大者壳长可达 12 厘米，重 400 克。因其生长在深水里，一般赶海者无法捞到，所以更显出其自身价值高。紫石房蛤肉质肥厚，味道鲜美，取其肉质最嫩的斧足部分，凉拌制成菜肴，鲜嫩脆爽可口；爆、炒、熘、氽也无不鲜美。

**梭子蟹** 俗称“飞蟹”。梭子蟹含有丰富的蛋白质、维生素 D 和钙、磷、钾、钠、镁、硒等微量元素，有抗结核的作用，是当地人餐桌上常见的美食之一。梭子蟹虽一年四季都有，但吃梭子蟹最佳季节是春末和仲秋，这两个时节的梭子蟹最肥。民间有“麦穗黄，蟹黄香”和“八月蟹子顶盖肥”之说。蟹肉虽然鲜美，但其性寒，不宜多食。

**海带** 威海是中国海带主产区，所产海带藻体厚实，褐藻胶、甘露醇、碘含量高，质量上乘，是制碘业和海藻化工业的首选原料，更是人们喜食的海产品之一。海带加工制品主要有盐渍海带、海带丝、海带结、海带卷等。海带炖猪蹄、海带炖黄豆芽、海带炖豆腐、海带炖鸡肉等都是人们喜爱的美食。

**鹰爪虾** 威海海域是鹰爪虾高产海区之一。鹰爪虾因其腹部弯曲、形如鹰爪而得名。鹰爪虾喜欢栖息在近海泥沙海底，昼伏夜出。其体长一般为 6 ~ 10 厘米，是一种中型经济虾类。鲜食可清蒸、水煮、油炸，还可用来包水饺、做汤，色味俱佳。除鲜食外，鹰爪虾还可经盐煮后晒干加工成海米。海米分春米和秋米，以秋米为佳。海米不但保持了虾原有的鲜味，而且较鲜食更具风味，同时携带方便，为旅游购物佳品。鹰爪虾头粉碎后经发酵制成的红虾头酱，是深受人们喜爱的一种佐餐佳肴。

**海胆** 威海常见的海胆是光棘球海胆，属大连紫海胆。海胆生于大海深处，以天然海藻为食，因其体内的生殖腺卵巢具有多种活性物质，自古以来被渔民视为一种滋阴补肾、养颜防衰、起萎壮阳、强健体魄的滋补珍品。海胆籽是营养丰富、味道鲜美、经济价值很高的海珍品，在国际市场上价格昂贵，有“黄色钻石”之称。海胆的主要食用方法是做汤和蛋羹。

**贻贝** 习称“海虹”，是海蚌的一种，也是驰名中外的海产品之一。贻贝味道鲜美，营养丰富，而且所含脂肪很少。贻贝中含有多种维生素及人体必需的锰、锌、硒、碘等多种微量元素。值得一提的是，贻贝的营养价值高还在于它所含的蛋白质中有人体需要的缬氨酸、亮氨酸等 8 种必需氨基酸，其含量大大高于鸡蛋以及鸡、鸭、鱼、虾和肉类等中氨基酸的含量。另据研究，贻贝脂肪中还含有人体所必需的脂肪酸，其饱和脂肪酸的含量，低于猪、牛、羊肉和牛奶等食品，不饱和脂肪酸的含量相对较高。贻贝还有很高的药用与食疗功效。据明《本草纲目》记载，贻贝肉能治“虚劳伤惫，精血衰少，吐血久痢，肠鸣腰痛”。现代有关药书记载，贻贝性温，能补五脏，理腰脚，调经活血，对眩晕、高血压、腰痛、吐血等症均有疗效，而对治夜尿也有很好效果。贻贝中含有维生素 B12 和 B2，对贫血、口角炎、舌喉炎和眼疾等有较好的疗效。鲜活贻贝是大众化的海鲜品，可以蒸、煮后食用，也可剥壳后和其他青菜混炒，味均鲜美。由于贻贝产量大，收获后不易保存，常煮熟后晒干，加工成干制品——淡菜。

**海肠** 一种长筒型软体海洋动物，因形状似大肠，故名。海肠是当地特色海味之一，因味道鲜美异常，嚼之脆嫩爽口，深受人们喜爱。在鲁菜最兴盛的清朝，胶东的鲁菜大师身上都带有一个小皮囊，里面装有晒干碾细的海肠粉，每道菜做好后，都撒上一点海肠粉，风味绝佳，因此，有人称海肠粉是中国最早的味精。常见的食用方法是海肠炒韭菜、温拌海肠和包海肠饺子，2015 年后，烤海肠成为特色烧烤之一。

**爬虾** 俗称“刀螂虾”“虾蛄”“虾爬子”。爬虾是沿海近岸性虾类，喜栖息于浅潮泥沙或礁石裂缝中。威海海域较适宜爬虾繁殖和生长，爬虾资源较丰富。春季是爬虾产

蒸海胆

海肠炒韭菜

卵季节，也是人们吃爬虾的最佳季节。爬虾兼有虾和螃蟹的鲜美，肥壮的雌虾，膏黄满壳，又鲜又香。常见的食用方法是蒸、煮，也可将新鲜的爬虾去头后，用擀面杖从后向前擀出其肉汁，与韭菜、白菜、萝卜丝等调馅包饺子，爬虾饺子是难得的特色美食。

蒸爬虾

**苦螺** 学名“疣荔枝螺”，威海境内潮间带中潮区的上区岩石缝内栖生着一种小海螺，因其肉微苦而得名。苦螺味道奇特，苦中带甘，具有清热解毒的功效，是当地人喜食的海产品之一。常见的食用方法是水煮后用铁针或竹签挑食。

凉拌海蜇

**海蜇** 威海海域夏秋之际常出现一些浮游的海蜇，蜇体呈伞盖状，通体呈半透明的白色、青色或微黄色，海蜇伞径超过 45 厘米，可达 1 米之巨。海蜇的食用方法主要是鲜食或加工成海蜇皮后食用。鲜食是将鲜海蜇切成细条后，在水中浸泡约 1 小时，泡除其体内的海水和海腥味后，用醋、蒜泥、香菜、炒熟的芝麻盐（也可用香油或炒熟的花生盐）、红辣椒等调和食用。当地人调制的鲜食海蜇色、香、味俱佳，是难得的美味之一。海蜇加工成海蜇皮后，可储藏至其他季节食用。当地人一般是在春节时将海蜇皮浸泡好后切条拌凉菜，用海蜇皮拌的凉菜，清脆爽口，深受人们喜爱。

酱焖小黄花鱼

**小黄花鱼** 威海海域是小黄花鱼主要洄游地之一，小黄花鱼资源较丰富。小黄花鱼以春汛期质量最好，所以有“春花（小黄花）秋鳎（舌鳎）”之说。小黄花鱼营养丰富，鲜品中蛋白质含量高，钙、磷、铁、碘等无机盐含量也很高，且鱼肉组织柔软，宜于消化吸收。据《本草纲目》记载，黄花鱼“甘平无毒，合莼菜作羹，开胃益气。晾干称为白鲞，炙食能治暴下痢，及卒腹胀不消，鲜者不及”。小黄花鱼不但肉嫩味美，而且没

红焖偏口鱼

鱼锅饼子

有碎刺，最适合老人、儿童和久病体弱者食用。小黄花鱼吃法很多，可以红焖、煎焖、油炸，也可以盐渍晒干后蒸熟食用。煎焖小黄花鱼时，在锅边贴玉米面饼一起焖熟后，小黄花鱼与玉米面饼一起食用，是当地的传统名菜，习称“鱼锅饼子”。

**偏口鱼** 当地人习惯将大菱鲆、牙鲆、石鲽等比目鱼统称“偏口鱼”。偏口鱼是人们喜食的海产鱼类，个体硕大，肉质细嫩鲜美，是加工生鱼片的上等材料。传统的食用方法是清蒸和清焖，现在很多人喜欢用其加工的生鱼片沾辣根食用。

**加吉鱼** 学名“鲷鱼”，是深受威海人喜爱的海产鱼类之一。加吉鱼分红加吉和黑加吉两种，红加吉的学名“真鲷”，黑加吉学名“黑鲷”。威海海域黑加吉较多，红加吉相对较少，尤显珍贵。加吉鱼味道鲜美，营养丰富，富含蛋白质、钙、钾、硒等营养元素。加吉鱼的汛期在秋季。其常见的食用方法是清蒸、清煎和做汤。

**鱼锅饼子** 习称“鱼锅粑粑”。20 世纪 80 年代前，村民为节省柴草，在煎小黄花鱼等鱼时，顺便在锅边烀上一圈玉米面粑粑或豆面粑粑，烀熟后的粑粑由于沾上了鱼汤的鲜味，变得香鲜可口，成为一道美食。80 年代至 90 年代，村民不再把粑粑当主食，也不需节省柴草，鱼锅粑粑较少见。进入 21 世纪，人们在怀旧思想影响下，讲究品尝传统美食，鱼锅粑粑逐渐又被搬上了餐桌、宴席，成为人们喜爱的特色美食。现在的鱼锅饼子不再完全是旧时的鱼锅粑粑，经过厨师们的再次开发，鱼锅里经常放的是事先烀好的薄薄的小玉米饼，有时还会在油中轻炸一遍，虽然口感香鲜酥脆，但缺少了纯正的鱼锅粑粑的味道。

**海鲜饺子** 威海地区的特色美食之一，包括鲅鱼饺子、小黄花鱼饺子、狼牙鳝鱼饺子、青鱼饺子、燕鱼饺子、虾仁饺子、爬虾饺子等。这些海鲜饺子因其味道鲜美，深受人们喜爱。其中，燕鱼饺子、狼牙鳝鱼饺子、爬虾饺子味道更鲜美些，鲅鱼饺子、小黄花鱼饺子、虾仁饺子最为常见。80 年代前，由于经济条件有限，海鲜饺子是村民难得一见的美食。80 年代后，村民的经济收入和生活水平大幅提高，随着不同的鱼汛期，可吃到不同的海鲜饺子。90 年代末期后，由于燕鱼和狼牙鳝鱼几乎绝迹，村民难得吃上一次。爬虾虽然常见，但因其味美，人们大都直接煮食，舍不得用来包饺子。

**海菜包子** 威海地区的特色美食之一。80 年代前，村民们常在冬春时节海莴苣、骆驼毛（均为地方俗称）等海菜鲜嫩之时，趁海水退潮时采集一些回家做汤或包包子，以接济青黄不接的窘境。久而久之，形成冬春吃海菜包子的习惯。

**山味**

20 世纪 80 年代前，由于粮食产量低，口粮不足，冬春青黄不接时，陶家夼人常到附近的山上和野地里采集野菜、野花，做成饭食，接济生活。进入 21 世纪后，随着人们对养生的追崇，野菜、野花饭食再次登上餐桌，成为人们常想品尝的食物。

**豆面粑粑** 80 年代前，家庭经济条件稍好的村民在烀粑粑时，为减少玉米面粑粑的硬涩，有时会在玉米面里掺上一些豆面，使粑粑变得香软可口。80 年代至 90 年代，村民不再把粑粑当主食，豆面粑粑更少见。进入 21 世纪，人们讲究品尝传统美食和养生，豆面粑粑因其营养较高，渐又成为人们喜食的食物。

**荠菜饺子** 80 年代前，每到冬春青黄不接时，村民会到野地里采挖荠菜、苦菜等野菜充饥，荠菜因其味鲜美香甜，偶尔也会用荠菜包饺子吃。80 年代后，虽然粮油、蔬菜供应充足，村民不再以野菜充饥，但因荠菜饺子独有的鲜香口味，所以荠菜饺子一直是村民们的喜食之物。进入 21 世纪后，因荠菜供不应求，一些农户开始在菜地里种植荠菜，但其口味不及野地里自然生长的浓郁醇厚。

豆面粑粑

**槐花包子** 陶家夼村周围山上和山谷里刺槐树很多，每年立夏前后，槐树花陆续开放半个月左右，这时，村民们就会采集尚未盛开的槐树花食用。食用前，先用开水焯一遍，再放到凉水中浸泡半天（中间要换一次水）后捞出沥干，用其做馅包槐花包子或做槐花菜粑粑。80 年代前，村民采食槐树花主要是为了弥补口粮的不足，80 年代后则是为了尝鲜。

**山苜楂包子** 威海地区的特色美食之一。每年清明至 5 月中旬，村民们到山上采集鲜嫩的山苜楂食用。食用前，先用开水焯一遍，再放到凉水中过一下后捞出沥干，或凉拌，或用其做馅包包子。80 年代前，村民采食主要是为了弥补口粮的不足，80 年代后则是为了尝鲜和养生。

**菜豆沫** 威海地区的特色饭食之一。80 年代前，很多农户因为口粮不足，到野地里采集各种野菜代粮食用。因为野菜大多味苦涩，难以下咽，村民便将野菜和豆面掺和在一起，或散放，或做成团子上锅蒸熟后，用虾酱、面酱、咸菜等佐之食用。80 年代后，村民虽然不再需要用其代粮充饥，但一些讲究养生或怀旧的村民，会间或食用。

## ◉ 节日习俗

陶家夼的节日习俗有鲜明的地方特色，如正月十五蒸面灯、二月二串“小龙尾”、清明蒸面燕、七夕烙巧果（习称“揢巧果”）等。

**过大年** 陶家夼人习惯把正月初一到初三称为“过年”或“过大年”。因“过大年”是一年中最重要的节日，家家户户都精心操办，在外地工作的人都尽量在除夕傍晚前赶回家中与家人团聚。初一凌晨五点左右，人们便起床[①]。旧时，村民起床后，穿戴好新衣帽，先在院里燃放爆竹（俗称“开门炮”），再打开临街门，家中男性出门和族人一起到祠堂祭祖。妇女则留在家中包饺子、准备早饭，包饺子时，根据人数在饺子里包上一定数量的硬币和红枣，一般是 10 枚硬币、10 个红枣。祭祖后，先向自家长辈拜年，长辈给子孙们发“压岁钱”，再按支系远近（先近后远）和辈分高低依次到族人家中拜年，然后到村其他人家拜年。拜年途中相遇，都相互拱手作揖，说“过年好”。拜完年

① 20 世纪 80 年代中期后，起床时间越来越早，一些年轻人甚至通宵不睡。进入 21 世纪后，起床时间又渐渐推迟到五点左右。

后，回家吃早饭，吃饺子时吃到钱意味本年能“发财”，吃到枣意味本年能“走红运”。19 世纪后期起，村里上午举办舞龙、踩高跷、跑旱船等“办耍”活动，晚上演出自村排练的戏剧。早饭后，妇女也走出家门看“办耍”或到邻居家拜年。初二开始走亲戚，过去是“初二姥娘初三姑，初四初五看丈母”，现在是“初二初三先丈母，初四初五再看姑”。初三“送年”，也称“送神”。早晨，燃放鞭炮，请下天地牌位，与纸一起烧掉，以示把年送走。从初二晚上开始，周边十里八乡排练戏剧的村庄便相互“送戏”。

**蒸面灯** 陶家夼人习惯称元宵节为“过十五”“闹元宵”。是日，家家户户都要吃元宵。同时，又有正月十五用玉米面、豆面与地瓜糅合在一起蒸面灯的习俗，习称“蒸灯”，面灯有“十二月灯”“生肖灯”“动物灯”“元宝灯”“农具灯”等。“十二月灯”形似粮囤，灯上按月份分别捏 1 ~ 12 个褶子，象征着一年 12 个月；“生肖灯”按家人的属相蒸制，习称“蒸属”；“动物灯”一般有蛇、蟾蜍、刺猬、金鱼、鸡、狗、猴、猪等；“农具灯”主要做成粮囤状，与“十二月灯”相似，只是没有象征 12 个月的褶子。面灯上都有预留的灯窝，以便放食用油或蜡烛。吃完晚饭后，点亮面灯，按照各自的寓意放到相应的位置。“十二月灯”放在正间的桌子上，“生肖灯”放在属主卧室的窗台上，蛇、刺猬、粮囤 3 种灯放在粮囤上，鸡灯放在炕或床上，蟾蜍灯放在灶台下，金鱼灯借助水瓢（取水工具）放在水缸里，狗灯放在正间门墩上，猪灯放在猪圈墙上，猴子灯放在临街门的门墩上，有“猴把门、狗看家、鸡放炕上、蟾放锅下、鱼在缸里”的说法。

**二月二** 农历二月初二为青龙节，也称春龙节，俗称“二月二”。传说此日是“龙抬头”之日，有“二月二，龙抬头”之说。是日，村中妇女将花布头剪成铜钱大小的圆片（因此日忌动刀剪针线，以免戳伤龙眼，都是在前日剪好备用），与爆米花间隔串成“小龙尾”，挂在室内和儿童的胸前脑后，以祈求全年平安。用大红纸剪成龙、蝎子、剪

点生肖灯（2016 年）　　戚桂庆　摄

戴“小龙尾”（2009 年）　　陈兵男　摄

刀等图案贴在门、窗、箱柜上，以驱虫祛灾。农户用草木灰在场院、庭院、粮囤边等处画圈，圈内画十字，圈外画梯子，以示“五谷丰登粮满仓”，称为“打囤”“打灰囤”。在屋内屋外焚香、蒿、紫苏等，在房屋、庭院的周围和角落撒草木灰，燃放鞭炮，以驱虫出宅，保人畜平安，称为“熏虫”。这天，还炒食豆子（俗称“炒老鼠眼”）和爆米花。晚饭吃面条，谓之吃“龙须面”。

**蒸面燕** 清明节是民间祭祖的日子。是日上午，陶家夼人合族备饭菜、酒水等供品和香纸，到祖茔祭奠先人，除草添土、植树栽花，称为“扫墓”或“上坟”。陶家夼村有清明节蒸面燕的习俗。蒸面燕一说是为纪念春秋时晋国人介子推，称“子推燕”；一说是为迎接南去越冬的燕子归来。

**插艾蒿** 端午节在威海地区被视为与农历新年、中秋节一样重要的节日，素有“端午大如年”之说。节前，没有和老人住在一起的已婚子女要给老人送鸡蛋、糕点、酒水等，亲朋好友之间相互赠送粽子、咸鸭蛋等礼品，称为“送节”。端午清晨，人们早起到山上用手绢在青草、禾苗上“拉露水”，洗脸擦眼；拔艾蒿、野麦（俗称“瞌睡昏”），折桃枝，挂在门框上，也有挂大蒜和布制的猴子；小孩胸前戴绣有辟邪或吉祥图案的新兜肚，肩上戴用亚麻扎制并染成黄、绿两色的小笤帚、小炊帚，手腕、脚腕上戴“缔五

面燕（2015年） 王雪燕 摄

社区居民指导小学生制作面燕（2015年）
王雪燕 摄

端午节居民门上插的艾蒿（2016年）
戚桂庆 摄

串巧果（2016 年）　　　　姜喆　摄

线”[1]；青年女子佩戴装有雄黄等中药和香料的荷包；吃粽子、咸鸭蛋和鸡蛋，有的还喝雄黄酒。这些活动都是为祈福辟邪、保平安健康，须在日出前进行。民间有新生婴儿“过三日”时，用端午节采的艾蒿烧水洗澡，可保百病不生的说法。

**六月六**　陶家夼有“六月六，看谷秀，碗大的包子一窠啦肉”俗语。是日，家家除了吃包子外，还要晾晒衣服、被褥、书、画等，意即雨季来临，要去潮湿、防虫蛀。

**磕巧果**　农历七月初七为七夕节，也称“乞巧节”“巧姐会”。是日，村民家家都烙小巧果，巧果的形状有花、鸟、鱼、兽、寿桃、莲蓬、篮扇等，巧果做好后，用线穿成串，一部分套在小孩的脖颈上，边吃边玩，一部分用于亲戚邻里间的相互馈送。晚上，因有织女与牛郎在天河相会、织女会在葡萄架下教未嫁的年轻女子做针线活的传说，未嫁的年轻女子多聚在葡萄架下相互学做针线活。进入 21 世纪，随着西方情人节的传入，年轻人把七夕节当作中国的情人节来过。

**过腊八**　陶家夼人习称腊八节为“过腊八”，俗语有“过了腊八望见年”之说。是日，早饭多食腊八粥，一般由细米加枣、栗子等和肉块煮成。枣、栗谐音“早力”，意为早下力气，求得庄稼丰收。现在人们多从养生的角度，用米、豆、花生仁、枣等八样

① “搿五线”：用五色丝线搓成的粗线绳。

粮果（应“腊八”意）做腊八粥。因临近春节，有腊八扫灰迎新春的传统习俗，即使此日不能全面打扫，也须动一下笤帚，民间有“过了腊八乱打扫”之说。是日过后，人们开始“赶年集”、逛商场，买衣购物，置办年货，准备过年。

**辞灶** 陶家夼人习称腊月二十三为“过小年”“辞灶”。传说此日灶王爷要上天报告所在人家一年中的善恶功过。为了让灶王爷能上天言好事，下界降吉祥，人们在贴于正屋东锅台后面墙上的“灶祃”（灶王爷的画像）前，摆上糯米饼、糖瓜、枣等甜黏食品和水饺、点心等供品，焚香祭祀。祭祀时念：“一碟子枣，一碟子糖，送灶祃老爷上天堂，上天言好事，回来降吉祥。”之所以用甜黏食品，是希望灶王爷上天汇报时专说好听的话，或者黏住其嘴不能说坏话。祭毕，取下“灶祃”烧掉，送灶王爷“升天”。20世纪60年代后，这一习俗被当作封建迷信破除。

**守岁** 腊月的最后一天至半夜12点，称“大年夜”。是日早晨做“隔年饭”和“隔年菜”。“隔年饭”多用高粱、黍米、小米或玉米碴加枣、栗子等做成；“隔年菜”用白菜、萝卜、豆腐加干菜豆、干眉豆、海带等做成。上午洒扫庭院后，开始挂家谱、族谱，摆放祖先神主牌位、祭器、祭品，称为“伺候神主”。庭院里还要供写着“天地三界十方万灵真宰君之神位”的天地牌。同时，贴春联、年画、福字、窗花、桃符和换门神。除寝膳事务外，禁止一切劳作，有“年节三日不挑水、不扫舍”之说，故家家要在晚饭前挑满水缸，备足三日的柴草。傍晚，男人们到祖茔“请神”，请祖先回家过年；在灶台后面墙上贴新“灶祃”，在大门口焚香纸、放鞭炮，迎接灶神“回宫”。晚饭吃饺子或面条，称“小元宝”“钱串子”。入夜后，将所有的灯全部点亮，秉烛焚香，全家

社区召开烈军属、退伍军人、退休老干部新春茶话会（2009年）

肖伟　摄

人团聚在一起娱乐至午夜，称为“守岁”。午夜子时（即23时至次日1时），年份交替之际，开始“发纸”，家长带领子孙后代于庭院中摆放供品、焚香纸、放鞭炮，祭拜天地和祖先神灵，之后一家人一起吃饺子。中华人民共和国成立后，陶家夼村在除夕日开展拥军优属活动，为烈军属挑水、打扫院子、贴春联、送慰问信，召开烈军属、伤残和退伍军人、离退休老干部新春茶话会等。

## ◉ 生育习俗

**报喜** 20世纪90年代前，婴儿降生后，产妇的丈夫先到岳父母家报喜，然后再告知其他亲戚；村邻朋友一般不派人报喜，只在临街的大门上挂系有红布和铜钱的桃枝，称为“挑红”，看到者相互传告。90年代后，随着电话、手机等通信工具的普及，报喜大都用电话通知。

**看喜** 婴儿出生后，亲朋好友及邻里尤其是产妇的娘家人都要来祝贺，称为“看喜”。邻里“看喜”多是彼此有往来关系的，以送鸡蛋为主。产妇娘家人要准备红鸡蛋、大饼和小儿被褥。祖父母送给婴儿的礼物多为手镯、脚镯、长命锁之类。男方亲戚除送鸡蛋外，还要赠送“帽色”[①]。喜主家要宴请客人，娘家人返回时，喜主还要回以小麦等粮食，娘家人所带大饼、红鸡蛋要留一半，回赠一半。20世纪80年代后，随着独生子女的增多和人们生活水平不断提高，礼品也随之高档化，宴请的规模也不断扩大。进入21世纪后，邻里、朋友“看喜”基本是直接送“红包”。

**坐月子** 产妇分娩后要调养休息，一般三日不下床，一个月不出门，饮食起居有人照料，称为“坐月子”“伺候月子”。坐月子期间，禁止生人进屋，俗谓“怕踩生”；产妇不能干任何家务劳动，特别是不能碰凉水，以防得关节疼、头疼等“月子病”。月子里的饮食，传统是用小米稀饭加红糖以及煮熟的鸡蛋给产妇补充营养，20世纪90年代后，随着生活水平的提高，多用营养高的炖猪蹄、老母鸡鸡汤等为产妇补充营养。

**满月** 婴儿出生满一个月，称为“满月”。此日，一般人家吃面条简单庆祝一番，家境好的往往设宴招待亲朋。祖父母用剪刀给婴儿剪掉胎发，称为“铰头”。过了满月，产妇娘家要接产妇和婴儿回家住些日子，俗称“搬满月”，对婴儿则称“走头一趟儿”。

① “帽色”：为婴儿做衣服的布料。

旧时，一般由小孩的舅舅赶着牛、驴等去接，现在用机动车接。包裹婴儿的小被上要插上一枝系红布、拴铜钱的桃枝，放一个面蒸的小老虎驱凶避邪。

**过百岁** 婴儿出生100天，要进行庆贺，称为“过百岁”。过百岁不一定是整100天，视情况可提前一两天，但不能拖后。此日，由长辈抱着婴儿走100步，表示长寿之意，之后抱男婴到场上摸砘，寓意婴儿以后长得敦实。旧时，一般人家吃面条，以示庆祝。20世纪80年代以后，庆百岁之风日盛。届时，亲戚朋友均带着礼物前来祝贺，喜主大摆宴席。

**抓周** 小孩满周岁，父母双方的至亲携礼庆贺，习称“赶生日”。礼品有面食“锅锅”[①]、桃，有姑妈送的鞋、姨妈送的袜子、舅妈送的裤子，俗有“姑的鞋，姨的袜，舅妈的裤子勒着胯”之说。“赶生日”最重要的仪式是“抓周”，习称“抓锅锅”。“抓锅锅”时，在炕上放一簸箕，簸箕里铺上红包袱，面前摆放书、笔、算盘、秤、寿桃、“锅锅”以及木尺、土块、石块等，把穿戴一新的小孩放进簸箕里，任其抓取簸箕前的物品。习俗认为，观其先抓取何物，可预知其一生志趣和前途。如，抓书或笔，预示其将来学业有成，为官；抓算盘或秤，则预示其将来经营有方，为商；抓木尺为匠，抓土块为农等。所以，一般都把土块等放在远离孩子的地方，故意让孩子抓不到。抓完“锅锅”后，主人要宴请客人，客人离开时主家要回礼。

抓周（2014年）　　戚桂庆　摄

① “锅锅”：威海人所称的一种状如锅子的面食。

## ◉ 婚嫁习俗

**定亲** 正式确定婚姻关系称为“定亲”“搿亲”。威海卫解放前，陶家夼地区定亲时双方要交换定亲文书，俗称“送柬”“下柬”。定亲有分两步进行的。首先是“过小帖”，也叫“换庚帖”。男方庚帖叫“求婚帖”，上写男方生辰八字和求亲意愿，由媒人送达女方。女方同意，则回复写上女方生辰八字和表示同意“搿亲”，称为“允婚帖”。换庚帖后男方一般不得再悔婚，女方则可进一步考察斟酌，如不中意，允许悔婚。换帖后，男女两家对婚约若均无异议，可择日正式下定亲书，称“下柬”。正式定亲比较隆重，双方家庭都要设宴招待亲朋。男女所用柬帖分别印有龙、凤图案，即“龙凤帖”。男方柬帖放入柬匣内，连同定亲礼物如手镯、耳环、针线、衣料等由媒人和族中懂礼仪的男性送到女方家。女方家收到后，将自家柬帖放入柬匣内，并回赠笔、墨、砚台、帽子等，由来人带回男方家。下柬后，定亲之礼告成，双方正式结成姻眷。分两步完成的定亲比较烦琐，多行于富家大户之间，一般百姓则往往简易行事，只要双方互换了庚帖，就视为“下柬”，亲事即可定下，有的甚至不用柬帖往来，只凭口头一诺，即可定亲，且永不反悔。

威海卫解放后，提倡婚姻自主，提亲、定亲之俗逐渐消失，男女双方多自愿或通过他人介绍结识，在征求和考虑父母意见后，自主确定恋爱和婚姻关系。

**送日子** 选择结婚的日期，也叫“看好日”或“择好日”。男女双方情投意合、决定结婚后，男方初步择好迎娶的日期，托媒人征求女方家的意见，经协商定下结婚的日期，即“好日”。结婚日期一般都选适宜婚嫁的黄道吉日，中华人民共和国成立后，“好日”也有选“五一”、国庆、元旦等节日。男方将择定的“好日”通知女方，称为“送日子”。“送日子”的同时下聘礼，俗称“下彩礼”“送彩礼”，聘礼多为衣料、衣服、聘金等。20 世纪 50 年代前，富裕之家彩礼丰厚，有金银首饰、现金、布料、全猪、全羊等，普通人家则只有一两块做衣服的布料，所以一般百姓又称下彩礼为“送衣裳面儿”。50 年代至 80 年代，“送彩礼”一般只是送衣服、布料和少量现金。90 年代后，随着生活水平的提高，彩礼多为戒指、项链、耳环等金银首饰和现金，现金的数额逐年增多。女方置嫁妆，婚期前送往男方家，称为“陪嫁”“陪送”。

**结婚** 男子迎娶俗称“将媳妇”，女子出嫁为“出门子”。中华人民共和国成立前，男方到女方家迎娶时，要带官轿、花轿各一乘，去时新郎乘花轿，衣兜里装钱，为“压腰

20 世纪 50 年代前，抬轿迎娶新娘

钱”。女方在新郎到来前，为新娘“开脸”“上头”，用红线把脸上的绒毛刮掉，将发辫绾成发髻，并备酒宴。男方到后开宴，新郎坐首席，酒过三巡后新郎起席，至闺房行鞠躬礼后请新娘上轿。新娘哭泣拜别亲人后头顶“红盖头”上轿，因新娘脚不能碰到娘家的土，由兄弟或叔伯抱上轿，称为“抱轿”。返回时，新郎改乘官轿，新娘乘花轿，女方两名送亲者（习称“送客”）随轿前往男方家，花轿须在 12 点之前到达男方门前。男方见到花轿，即燃放鞭炮。落轿后，男方的“领客”① 掀开轿帘后，新郎将新娘抱至庭院放下，新娘由“领客”搀扶着跨过火盘（取“红红火火”之意）后慢步走进堂屋，行“拜天地”礼，礼毕入洞房，洞房中夫妻同饮交杯酒，习称“吃义和盅”。洞房在结婚前一日布置好，由“领客”铺炕，在炕上撒红枣、花生（染成红色）、栗子、钱等，以求早生贵子，多福多寿。有的农户在洞房布置好后，要“压炕头”，由新郎的舅舅或叔叔睡一宿。“送客”在宴席后要到新房中看望，俗称“看房”，房中备有茶点，新郎、公婆迎接，“送客”托以关照、原谅之词。“看房”后，邻舍、亲友涌入洞房“闹房”，不分辈分大小和年龄老少，俗语有“要想好，三辈没大小”之说。“闹房”常至深夜结束。“闹房”结束新郎回房后，用秤杆揭去新娘的红盖头，共同歇息。次日清晨，由一名男童（亦称“领客”）挟红毡子，带领新郎、新娘先到祠堂，向祖先牌位叩拜，再到长辈家叩拜，称为“认亲”，长者赠新娘“压腰钱”。认亲结束后回新房，由本家至亲到新房请新娘、新郎吃饭，称“搬媳妇”。吃饭时需上两盘饽饽，吃前先把每盘最上面一个饽饽拿下来，饭后新娘将这两个饽饽带回，称“抓饽饽顶”。

中华人民共和国成立后，婚礼程式渐趋简朴，抱轿、告庙、拜族中长辈等习俗逐渐

① “领客”：由男方本家公婆、丈夫、儿女俱全的年轻媳妇担任，俗称“全命人”。

消失，特别是“文化大革命”期间，倡导婚礼“革命化”，结婚时只举行一个简短的仪式，接受亲朋好友的祝贺，向大家分发喜糖、抓果等即告完成，不设宴请。20 世纪 90 年代后，婚礼攀比、铺张之风渐盛，程式古今中外相结合，形式越来越烦琐，场面越来越隆重。

**看出息** 婚后三日，新娘的父母及亲人到新郎家探望女儿，俗称“看出息”。新郎家设宴款待，双方父母互认亲家，互相祝福。

**站九** 婚后第九日，新郎陪新娘回门省亲，称“站九”。“站九”有当日回的，也有在娘家住一夜次日回的，不管当日归还是次日回，都必须在太阳落山之前回到家，称“带着日头回”，即带来光明之意。中华人民共和国成立后，多数是先“站九”（三日或二日），后“看出息”。20 世纪 90 年代前，“站九”时，娘家要烙抓果，由女儿带回婆家分赠亲友邻里。90 年代后，抓果都是婚礼时备好，婚宴结束后，与喜糖、喜烟等一起做成“喜包”由宾客直接带走。

## 丧葬习俗

中华人民共和国成立前，习俗以厚葬为荣。为了丧事办得体面，不论贫富，都不惜花费人力、物力，有的甚至卖掉土地、山坡林地。

中华人民共和国成立后，提倡破除封建迷信、厚养薄葬、丧事从简，各村土地庙多被拆除，丧葬渐趋简化。20 世纪 60 年代中期后，老茔地多平毁变为农田，神主牌作为“四旧”被烧掉。死者多不穿旧式寿衣，着新式新衣。送殡不穿旧式孝服，改为戴黑纱或白花。在家停灵时间缩短，多在死后一二天即葬。过七、过周年也无大操大办者，多是亲属至茔地烧香和纸。1976 年 6 月威海市实行火葬后，多将骨灰盒入土安葬，也有存放于火化场纪念堂的，过七、过周年时到茔前烧几张纸，简单奠祭一番。90 年代后，丧葬的一些旧俗渐复，刻碑、扎纸活、做寿衣等再度兴起。2008 年，陶家夼竹林公墓建成后，陶家夼提倡文明祭祀，焚烧纸活逐渐被鲜花祭祀取代。

**送终** 老人在生命垂危将要咽气前，儿女要为老人擦洗身体，换上寿衣，俗称“穿衣裳”。之后移到正房明间临时搭的灵床上，以合“寿终正寝”之意，称为“挺丧”。子女要在灵床前日夜守候，陪伴老人度过弥留之际，称为“送终”。咽气时，子女守护在身边，称为“有福”，也叫“得了”。

**报丧** 逝者咽气后，丧主要立即在临街门贴黄表纸、挂丧幡，以告知有丧事，委托本家子侄到亲友家报信，俗称“传丧”，传丧人每到一家，接信人家必须让报信人吃点东西，不得空腹而返。据传，从前曾有传丧者因尊长亡故，心情悲痛，传丧途中每到一家即匆匆离去而不得进食，结果饿死在途中。“传丧不空口”习俗由此而来。

**哭道儿** 逝者已出嫁的女儿及居住在异地未能守护送终的儿媳、孙女等至亲女晚辈得到凶信后，必须立即启程回家“奔丧”。临近村口时，开始号啕大哭，过街穿巷，直奔灵堂，俗称“哭道儿”。

**吊孝** 逝者入殓后，远支族人及邻里开始吊孝，凭吊者带着纸钱，行至灵前叩头，孝子陪跪后起身扶起客人，表示谢客，凭吊者出门时，孝子不送。女客来吊，则由儿媳、女儿等女眷陪哭。雇请吹鼓手的人家，有人来吊时要鸣奏哀乐。

**出殡** 中华人民共和国成立前，一般是出三日殡，即从咽气时算起第三日出殡，也有出七日（“头七”）殡或三七、五七殡，七日殡以上称“出大殡”。

**葬后祭祀** 逝者葬后第三日，全家人到茔地培土，整理坟头，烧纸摆供祭奠，俗称“圆坟”。圆坟后的祭祀活动有“过七”（亦称“烧七”）、“过百天”、“过生日”、“过周年”、“过三年”，其中“五七”为大奠，族人、亲戚、朋友都尽量参加。

## ◉ 交际习俗

**致敬** 民国以前，祭神、祭祖、庆吊、见尊长等，皆行跪拜礼。大礼为三跪九叩。亲友相见，合掌弯腰作揖。男子熟人路遇，抱拳拱手致意。妇女见客，行“万福”礼。辛亥革命后，废止跪拜礼，渐行鞠躬礼，保留作揖。大礼为三鞠躬，用于比较隆重的正式场合，沿用至今。至20世纪40年代后，鞠躬和握手成为通行礼节。80年代后，见面以握手、拱手、点头致意为礼。接、打电话时，必先向对方问好，以示尊重。村邻、熟人见面时必互致问候，俗称“打招呼”。饭后相遇，多问“吃饭了”或“吃了么”，其他时间则问“弄么了”“上哪去”。亲戚见面时要问好，并要代家长问好，称为“捎好”。

**称谓** 陶家夼人对家庭成员、家族成员、亲戚、同村他姓村民的称谓具有浓郁的威海地方特色。

家庭成员中，晚辈不得直呼长辈的名讳，长辈对晚辈则直呼其名。称父亲为“爹”

或“爸爸”，称母亲为“妈”；称祖父为“爷”或“爷爷”，称祖母为“婆”或“奶”“奶奶”；称曾祖父为“太爷”，称曾祖母为“太”“老太”“太奶”；称父亲的哥哥及其配偶为“伯”“大爷”“大妈”，弟弟及其配偶为“叔”“婶”，姐妹均为“姑”，称呼时按其在家中的排序称为“几伯”“几大爷”“几大妈”“几叔”“几婶”“几姑”，对排行在末的叔叔、姑姑等，称“小叔”“小婶”“小姑”；夫妻之间，中华人民共和国成立前，互称“××（长子或长女的名字，下同）他爹”“××他妈”，中华人民共和国成立后，或称其名字，或昵称其名字最后一个字；对哥哥的配偶称“嫂子”“嫂”，称呼时按哥哥在家中的排序称为“几嫂”；对弟弟及其配偶、妹妹、子女、孙子、孙女直呼其名。

家族成员间，称曾祖父的兄弟，或按其在家中的排序称为“几太爷”“几太奶”，或在称谓前加其名字，称“××太爷”“××太婆”“××太奶”；称祖父的堂兄弟及其配偶，或按其在家中的排序称为“几爷”“几婆”“几奶”，或在称谓前加其名字，称“××爷”“××婆”“××奶”；称父亲的堂兄弟及其配偶，或按其在家中的排序称为“几伯”“几叔”“几大妈”“几婶”，或在称谓前加其名字，称“××伯”“××叔”“××大妈”“××婶”；称父亲的堂姐妹均为姑，或按其在家中的排序称“几姑”，或在姑前加其名字，称为“××姑”；伯、叔的子女属堂兄弟姐妹，年长者为堂兄、堂姐，年少者为堂弟、堂妹，称呼时或按其在家中排序叫“几哥”“几姐”“几弟”“几妹”，或在前加其名字，称“××哥”“××姐”“××弟”“××妹”；对晚辈都直呼其名。

亲戚间，称母亲的父母为“姥爷”“姥儿”；称“姥爷”和“姥儿”的兄弟及其妻子为“舅老爷”“舅姥儿”，“姥爷”的姐妹为“姑姥儿”，“姥儿”的姐妹为“姨姥儿”；称母亲的兄、弟为“舅”，姐、妹为“姨”，或按其在家中的排序称“几舅”“几姨”，或在称谓前加其名字称“××舅”“××姨”；姑、舅、姨都属表亲，称姑姑的丈夫为“姑父”，舅舅的妻子为“妗母”“舅妈”，姨姨的丈夫为“姨父”；姑、舅、姨的子女均属表兄弟姐妹，年长者为表兄、表姐，年少者为表弟、表妹，呼叫时或按其在家中的排序称“几哥”“几姐”“几弟”“几妹”，或在前加其名字呼为“××哥”“××姐”“××弟”“××妹”；对妻子的父母，或称“大伯”“大叔”“大妈”“大姨”，或随妻子称“爹”“爸”“妈”；称妻子的兄长为“大舅子哥”、姐姐为“大姨姐”、弟弟为“小舅子”、妹妹为“小姨子”，称呼时或按其在家中的排序称为“几哥”“几姐”“几弟”“几妹”，或在称谓前加其名字称为“××哥”“××姐”“××弟”“××

宴席（左为八仙桌，右为圆桌）　　李强　绘

妹”；对晚辈都直呼其名。

对同村他姓村民的称谓，对长辈一般在其辈分前加名字称为“××爷”“××婆”“××伯”“××大妈”“××叔”“××婶”“××姑”等，对平辈年长者称“××哥”“××姐”，对平辈年幼者和晚辈都直呼其名。

对朋友、同学称谓，有的直呼其名，有的在其姓前加“老”字，称为“老×”，有的在其名字最后一个字前加“老”字，称为“老×”，以示亲密。对同事称谓，要么直呼其名，要么在其姓或名字后加其职务，要么在其姓或名字最后一个字前加“老”字，称为“老×”。

**待客**　陶家夼人热情好客，对亲朋故旧待之以礼，关怀备至，且自古“无欺压流寓、阻挠负贩之弊”（清康熙《威海卫志》）。外地人到此，无论路过还是办事、做生意，村民皆待之如客，食宿无须烦忧。有客至，迎之门外，入室时请客人先行。冬天来客，必让于热炕头就座。敬烟敬茶，殷勤有加。无论男客女客，吃饭时必由家长和家中成年男子陪客。妇女、小孩不能上桌，需待客人用毕撤桌以后才能吃。客人留宿时，必拿出新被褥，冬天要腾出热炕给客人。客人离开时，须送至大门外或村头，叮嘱一路走好，有空再来。远客必送至车站、码头。陶家夼人俗尚清洁，待客和做客讲究整洁，以示尊重。家有客来，必清晨早起，将室内外收拾得干干净净，连猪圈、鸡窝也要垫上一层新土。做客者，则讲究衣帽整齐洁净，衣冠不整、蓬头垢面，会被认为对主人不敬，也使主人在村民面前脸上无光。

**宴席**　参加酒宴，俗称“坐席”。席位座次颇为讲究，有上下、高低之分，主要体现敬老尊贤的原则。如使用八仙桌，每桌坐 8 人，上菜处为陪客 2 人，陪客的对面为“打横”（一般客人），陪客右边靠近陪客的为首席，远离陪客的为三席（“虎头”），首席对面为二席，三席对面为四席（“虎尾”）。如使用圆桌，上菜处为陪客，陪客的对面为首席，然后围绕首位一右一左，按尊卑排列就座。现在，上菜处为副陪，副陪的对面为主陪，主陪的右边为首席，左边为二席，副陪的右边为三席，左边为四席，其余客人随便坐。如陪客的人多，首席与四席之间、二席与三席之间的座位设侧陪。喝酒前要先吃茶点，称为“打底”，也称“垫补垫补”。开宴后，主陪先领酒 3 杯，然后副陪领喝。主副陪领喝完毕，客人才按席位由低到高，依次举杯回敬主人，表示感谢。之后，宾主之间、同桌客人之间随意相互劝酒敬酒，气氛活跃。最后一杯酒为“满堂红”，仍由主陪领喝。20 世纪 60 年代前，酒席用酒只有烧酒、黄酒两种。70 年代后，以白酒和苹果酒、梨酒、葡萄酒等水果酒为主。80 年代后，以白酒、啤酒为主。21 世纪后，宴席用干红葡萄酒者日渐增多。酒杯多为三两三的玻璃杯，俗称“泡”。酒量大的往往一口一泡，但多数场合是大家商定一泡酒分两次、四次或六次喝干。宴席菜品亦有讲究。一般是“四碗八盘”，习称“四盘八碗”，由 4 碗汤菜加 8 盘炒菜组成；富庶人家有时会摆“半桌头”或“满桌头”，二者都有参、鸡、鱼、肉四大件，但“满桌头”每一大件随 4 道或 6 道炒菜，“半桌头”随 2 道或 4 道炒菜，后上铜炭火锅，把剩下的猪蹄加上猪血、豆腐、白菜、粉条等放入其中，做饭菜食用。90 年代后，宴请大都到酒店里，由主人和客人根据需要商量着点菜。宴席上吃鱼讲究最多，上鱼时鱼头朝首席，吃鱼时再把鱼肚转向首席，谓之“肚朝客，头朝北”。席上最忌讳的是抠鱼眼吃，认为是对主人的大不敬。

**人情往来**　无论谁家娶媳妇、嫁闺女，都会被邻里视为共同的大事，必定尽力相助。除送鸡蛋、白面外，还送“喜酒钱”，称为“凑份子”“随份子”。婚嫁之日，喜主也必定邀请邻里喝喜酒以表示感谢。有的人家婚礼用的饽饽、抓果等，也是街坊邻里在各自家中帮着做好送到喜主家。谁家生男添女，邻里必定来“看喜”。谁家有人生病，邻里必定携鸡蛋、罐头等补品前往探望。遇丧事，村民主动前往帮忙料理。邻里间日常礼尚往来亦很频繁，常常互送饭菜、时蔬瓜果等。亲戚间往来，俗称“走亲戚”，习俗认为亲戚间不常走动便是“生分”，特别是家有喜庆或吊祭大事，若不告知亲戚或作为亲戚不参加，则被视为“不懂事理”，会导致亲戚隔阂和疏远，甚至断绝往来，也会被乡亲们看不起。亲戚间走动最勤的是姥姥、姑、舅家，特别是外孙、外甥、娘家侄子等双方小孩，经常往来。采摘的新鲜瓜果蔬菜，赶海挖的蛏、蛤，捉的虾、蟹，多由双方小辈往来互送。但若有病有灾，则必由大人出面携礼探望，以示尊重。

## ◉ 禁忌习俗

陶家夼人在日常生产、生活中，逐渐形成禁忌习俗。随着社会的发展，一些禁忌习俗已破除，一些仍在村民中流行。

**语言禁忌** 生活中注重语言表达的吉利、委婉，对不吉利的话，一般要变换说法，以免犯忌。过年时，忌说碎、破、坏、杀、死、病、翻等字。饺子煮碎了，要说“挣”了；吃鱼若要翻过来，说“转”“划”过来。忌说死字，对老年人说“老了”“走了”，对中年人说“去世”“走了”，对小孩说“丢了”。看病人时，不能问得的什么病，要问“哪儿不熨帖”，病情加重说“添病了”。喜庆日子里吃蒜，忌“散”而说“义和”；梨不能切开分着吃，忌“分离”；醋要说“忌讳”。在渔船上，忌说翻、碎、空、完等字，“翻”意为船颠覆，“碎”意为船触礁破裂，“空”意为网空没打着鱼，“完”意为靠不上岸，“碎”要说“撕了”“笑了”，绠绳断了要说“升了”，物品翻过来要说“顺过来”“划过来”，十要说“两个五”。渔民之间不能称老，要说“伙计”，因“老”指龙王、老鱼（鲸）。打听道路或问事，忌称对方二哥，要喊“大哥”。人活百岁忌说“百岁”，要说“九十九”，俗有“驴百岁”之说，认为“百岁”骂人话。男人忌说“四十一”，据传四十一岁时防妻，或妻有外遇，所以或减一岁说四十，或增一岁说四十二。老年人的岁数忌说“七十三”“八十四”，据传为“损头年”，是人生的两个关口，有“七十三、八十四，阎王不叫自己去”的说法，认为这两个岁数伤老人。

**行为禁忌** 抓中药时，药方不能翻叠，否则被认为抓的药不起作用。借用的药吊子[①]不能送还，要留待别人来借用，否则是把病送给别人。邻居间平时忌清晨串门，以免打扰他人休息。有事需要到只有女人和孩子在家的人家，去时必须拍打门环，在门外大声喊：“大妹子在家吗？”走时，也要大声喊：“好啦，别送啦，我把门给你带上。”用意是让左邻右舍听清，自己不欺暗室，没有辱人妻女。探望病人宜在上午九十点钟，不能下午探视。生麻疹和天花时忌生人入门，忌风吹。到别人家串门、做客时，忌踩门槛，有“进门踩门槛，老鼠抠你眼”之说；忌东望西探；忌上炕不脱鞋；忌随意弹烟灰、丢烟蒂；忌不辞而别。待客时，递茶递烟忌只用一只手；倒茶时壶嘴不能对着客人；客人未走，忌擦桌扫地，易被看成是下逐客令。日常生活中忌对人泼水、吐口水，

① 药吊子：煎中药的锅。

忌当众抠鼻子、吐痰。躺卧时忌把脚伸到别人头边，忌从别人头上跨过。家庭中，女性和自己丈夫的弟弟可以嬉闹说笑，但丈夫的兄长是绝对不许和弟媳妇嬉闹说笑，否则就被视为有伤风化；公公不能进儿媳妇的屋，有事只能在窗外先咳嗽一声，然后说事情。节日时女性忌二月二、七月七住娘家，有“二月二住娘家会蹬烂娘家的囤底”和“看见妈家的小果，死婆家的小伙”之说，必须在婆家过节，称为“管节”（此俗现已破除）。出海捕鱼时忌剃头。在渔船上，闲时不能拉胡琴，吃饭时筷子不能横放在碗上，水瓢、碗不能扣放，不准在船头大小便。

吃柿子、年糕时忌饮酒。忌食放置时间久，隔了一个潮水涨落期（习称“跌潮”）的鲐鱼、产出的黑鱼子、被露水打过（习称“过露”）的螃蟹等，因这些东西有毒，误食有生命危险。小孩忌食刚蜕壳的软皮蟹，传说吃了软皮蟹的小孩长大后会腰软背痛；忌食生蟹、生虾，有“生吃蟹子活吃虾，长大之后吃他妈”之说。吃饭时忌说话，以免呛饭；忌嘴巴边吃边出声，认为这种吃相主贱；忌用筷子敲饭碗；忌不端起碗而将头趴在桌上吃饭；忌将馒头、饼掰成小块吃；忌将筷子伸到别人眼前搛菜；忌用筷子敲击桌面；饭桌上有人没吃完，忌收拾碗筷，也不准把碗摞起来。

未婚女性忌挽簪，忌被人看见内衣、内裤。婴儿、女性的衣服夜里不能晾在外面。衣服破了或掉了扣子，忌穿在身上时缝补。在婚礼等喜庆场合，女性忌穿浅灰或蓝色（俗称“寡妇蓝”）服装。在丧葬等悲伤场合，女性忌穿艳服、化艳妆、佩戴耀眼闪光的首饰。

甲子年和农历没有立春的年份被称为“寡妇年”，忌结婚。孕妇忌吃姜，怕孩子长出六个指头；忌吃木耳，怕化掉婴儿的头发；忌吃兔肉，怕婴儿唇裂；忌吃驴肉，怕孩子有驴脾气——犟；不准参加婚礼、丧礼等大喜大悲的活动；不准在娘家生孩子。

## ◉ 传统游戏

20 世纪 80 年代中期前，陶家夼村村民闲暇时的娱乐游戏主要有下五福、走区字、拾子儿、打枷棍、打陀螺（打懒老婆）、滚铁圈、跳绳、踢毽子、跳房子、掷鳖、摔跤、兜小鸡、跳皮筋、打“丧门神”、打翻儿、打弹弓、打手背儿、弹蛋儿、撂窝、碰拐、抄抄儿、趴老妈（捉迷藏）、丢手绢等。各种游戏开始前，或通过“拳拳包”（包袱、剪子、锤）决定先后，或由高手让先。80 年代中期后，村民的文艺活动日渐丰富，各种电子游戏日渐增多，这些传统游戏逐渐消失。

下五福　　　　李强　绘

走区字　　　　李强　绘

狼吃孩子　　　　李强　绘

**下五福**　横竖各划五条线，形成16个格子、25个交叉点的小方格。两人对弈，双方轮流在交叉点上下子儿（即旗子，下同），一次一子儿。下子儿时要尽量使己方的子儿构成"方儿"（也叫"井"或"斗"）、"小斜"、"大斜"、"通天"、"五福"等形状，并阻隔对方成形。下满全部子儿后，按各自所成图形吃掉对方的子儿，谓之"掐子儿"：一个小方格四角均有己方的子儿为"方儿"，可从棋盘上拿掉对方的1个子儿；棋盘一角3个子儿相连为"小斜"，可拿掉对方2个子儿；4个子儿相连为"大斜"，可拿掉对方3个子儿；对角线5子儿相连为"通天"，可拿掉对方5个子儿；横线或竖线上5子儿相连为"五福"，可拿掉对方4个子儿。吃完子儿后，双方轮流走子儿，一次走一步，每形成一种图形，就相应地拿掉对方的子儿。直到对方的子儿少到不能构成上述任何图形时，即为己方获胜。

**走区字**　也称"憋死牛""走牛角尖"。划棋盘为"区"字形，两人对弈，各于"区"字横边布2个子儿，轮流走子儿，一次一步。不允许从"区"字开口处跳过。走至对方无路可走时，即为胜。

**狼吃孩子**　画一个横竖各5条线

的棋盘。两人对弈，一方为孩子，一方为狼。运子前，孩子方在己方底线的 5 个点上各放 3 枚（共 15 枚）棋子，作为 15 个孩子；狼方在己方底线左右两端的 2 个点上各放 1 枚棋子，作为 2 头狼。运子时，孩子方和狼方轮流移动棋子，孩子方先走。每次运子，孩子方只能沿着棋盘上的直线前后左右移动 1 个格，狼方不能吃到孩子时，也只能沿着棋盘上的直线前后左右移动 1 个格，当与狼相邻的孩子后面是空点时，狼可跳过孩子落到其后面的空点上，被跳过的孩子视为已被狼吃掉，从棋盘上拿掉。游戏时，孩子方要尽量使至少两个孩子紧挨在一起，以防被狼吃掉，狼方要尽量诱使某个孩子孤军深入，以便将其吃掉。当孩子将狼步步紧逼围堵至无法移动时，孩子方获胜；当狼将孩子吃至没有足够的棋子围堵狼时，狼方获胜。

**拾子儿**　也称“拾磨罗盒儿”“拾君儿”，是佛教传入中国后由妇女求子风俗演变而来。“子儿”用小圆石子、圆形海螺壳、杏核、猪脚骨等均可。所谓“子儿”，实际是由求子用的泥娃娃玩具演变而来。拾子儿 2 人（含 2 人）以上的多人游戏，玩法很多，比较流行的一种是：先手握 5 个子儿，将其中的 1 个抛向空中，同时将另 4 个扣向地面，并立即伸手接住空中落下的子儿。接着，开始轮番抛子儿于空中，按规定方法拾起地上的子儿，并接住抛出的子儿，同时口中唱着“磨罗盒儿四级子儿，先拾单、后拾三儿……”。第一次，拾 1 个子儿；第二次，拾 2 个子儿；第三次，先拾 3 个子儿，再拾 1 个子儿；第四次拾双，先拾 2 个子儿，再拾余下的 2 个子儿；第五次拾单，将 4 个子儿一个个拾起；第六次，将 4 个子儿一把拾起。手碰到不应拾的子儿，或没按规定数字拾子儿，或没接住空中的子儿，都称“坏了”，罚退出本轮比赛，待下轮从头开始。玩过数轮后，以赢的次数多者为胜。

拾子儿　　李强　绘

**打枷棍**　陶家夼人称打尜为“打枷棍”。把一根长约 10 厘米、拇指粗的木棍削成尜（习称“枷棍”），用一根长约 30 厘米的木棒或木板作击打棒（习称“枷棒”）。为 2 人（含 2 人）以上的多人游戏。在地上画一个圆圈（习称“锅”），圆圈前约 1 米处画一条横线，参加者分成两组（习称“两帮”），可平均分，也可势力弱的一方人多一些。游戏

打枷棍　　　　李强　绘

时，击打者将枷棍放于横线后，先用枷棒敲打枷棍的尖端，待其弹起后，趁势用枷棒将其向前击打。承接方成员根据估计的枷棍落点分散站在横线前方，手持帽子（或空手）移动接棍。若接到，击打者直接出局，换下一名击打者。若没接到，承接方中的一人拾起枷棍，在落点处将枷棍投向锅中，击打者可站在横线后用枷棒在空中击打承接方投出的枷棍，使其远离锅。枷棍落于锅中，击打者出局；落于锅外，先由击打者根据落点距锅边的距离报自己想要的距离，承接方如果觉得对方报的距离低于实际距离，无须丈量，按其所报距离计成绩，如果觉得其报的距离超出实际距离，就进行丈量，若实际距离大于击打者所报的距离，按其所报距离计成绩，若实际距离小于击打者所报距离，击打者本轮击打成绩为零，接着进行下轮，直至该击打者出局。击打方成员全部出局后，交换击打和承接次序，待双方都击打完毕，比较双方的总成绩，高者为胜。

打陀螺　　　　李强　绘

**打陀螺**　俗称“打懒老婆”。取一根半米长、手指粗的木棍，绑上线绳，做成“鞭子”，将长六七厘米、直径 5 ～ 10 厘米的圆木一端削成圆锥形，在圆锥的尖部钉上一粒“铁砂子”，制成“懒老婆”（也有用自行车废轮毂制作的）。玩时，将鞭绳一圈圈缠绕在“懒老婆”上，然后一手紧握鞭杆，一手将“懒老婆”尖朝下直立在光滑的平地或冰面上，用力将鞭杆向外一抽，使“懒老婆”随着鞭绳抽动旋转起来，然后用鞭绳顺着其转动的方向抽打，使其不停地旋转移动。熟练者玩时一次可持续很长时间而“懒老婆”不倒。

**滚铁圈** 用一根1厘米粗细的钢筋焊接成直径三四十厘米的铁圈，再将一根直径1厘米左右的铁条或钢筋一头弯曲，做成一根长50厘米左右的推杆。活动时，用推杆弯头扣住铁圈后推动铁圈向前滚动，以弯头控制铁圈方向，可直走，可转弯。技术好的儿童能将铁圈绕过各种障碍，从家里一路滚到学校。滚铁圈的速度快慢均可，但太慢会倒，太快不容易控制。比赛时，一般比谁推得远、推得快，铁圈先倒地者为输。

滚铁圈 李强 绘

**打"丧门神"** 一种群体游戏，参与人数一般为9人或7人，其中1人为"丧门神"，1人背"丧门神"（俗称"背背儿"），2人扯耳朵，2人扯胳膊（7人游戏无此角色），2人拽腿，1人捶后背（俗称"打鼓"）。游戏时，将9块约两个手掌大小、能够直立的扁石按一定的位置竖立摆放成石阵，其中代表"丧门神"的石块（该石块要高大一些，约为另外8块的2倍）摆放在中间，其正前方为"背背儿"的石块，"背背儿"与"丧门神"中间的两边各摆1块扯耳朵的石块，"丧门神"石块两边（扯耳朵外侧）各摆1块扯胳膊的石块，"丧门神"正后方摆1块打鼓的石块，打鼓石块两边（扯胳膊外侧）各摆1块拽腿的石块。石阵摆放好后，在距离石阵五六米的地方划出一条横线作界线，游戏者站在界线外，依次用石块掷击石阵中自己喜欢的石块，打中哪个石块就担当相应的角色。第一轮若没有击中者，进行下一轮掷击，直至每人都确定下自己的角色为止。掷击完毕，先由打鼓的人将自己的石块放在脚面上踢出去，踢的距离为惩罚"背背儿"和"丧门神"的距离，然后由"背背儿"背起"丧门神"，扯耳朵、扯胳膊、拽腿的人分别扯拽着"丧门神"的耳朵、胳膊和腿，打鼓的人捶打"丧门神"的后背，从石阵向打鼓的人踢出的石头走去。

打"丧门神" 李强 绘

游戏中，虽然打鼓的人是最得意的角色，游戏者都想击中他的石块，但由于其前面有“背背儿”和“丧门神”两块石头阻碍，且“丧门神”较高大，往往会先击中它们，所以开始掷击时，尽量选择扯耳朵、扯胳膊、拽腿的石块击打。惩罚“丧门神”和“背背儿”的过程中，为多给“丧门神”和“背背儿”一些惩罚，打鼓的人尽量将石块踢得远一些，扯耳朵、扯胳膊、拽腿的人尽力往后扯拽，延缓行走的速度，打鼓的人用力捶打“丧门神”的后背，在这些干扰下，“背背儿”常常累得气喘吁吁，“丧门神”被扯拽和捶打得哇哇乱叫，场面十分热闹，增加了游戏的趣味。

弹杏核儿　　李强　绘

**弹杏核儿**　游戏前，先在地上挖一个直径约 8 厘米、深约 5 厘米的小土窝，在距小土窝 3 米左右处画一条横线作界线，然后排出依次玩的顺序，一般为照顾弱者，按由弱到强的次序排列。游戏时，游戏者依次弹杏核，将 1 枚杏核平放在横线上后，将其向土窝方向连续弹 4 下，边弹边说：“一蹦弹，二蹦连，三割骨，四要钱。”如果将杏核弹进土窝中，即算赢，其他游戏者每人要给赢者 1 枚杏核；如果没能将杏核弹进土窝中，即算输，要给其他游戏者每人 1 枚杏核。如此循环往复，每场游戏结束后，赢得杏核最多者获胜。

弹泥古蛋儿　　李强　绘

**弹泥古蛋儿**　该游戏由 2 人（含 2 人）以上玩。游戏前，先用“包袱、剪子、锤”或“手心手背”等方式确定“当庄”及弹蛋的顺序。游戏时，“当庄”者拿出 4 枚泥古蛋在地上摆成“蛋塔”，在“蛋塔”前约 1 米处画一条横线作界线，弹蛋者依次把 1 枚泥古蛋放在横线上，一次性用手指将泥古蛋弹向“蛋塔”，若击中“蛋塔”，“蛋塔”的泥古蛋便全部归弹蛋者，由“当庄”者再拿出 4 枚泥古蛋摆成“蛋塔”后换下一名弹蛋者弹击，若未击中“蛋塔”，则弹蛋者变为“当庄”者，拿出4枚泥古蛋摆成“蛋塔”供下一名弹蛋者弹蛋；“当庄”变为弹蛋者接续弹击。如此循环往复，每场游戏结束后，赢得泥古蛋最多者获胜。

该游戏也可以将界线划得远一些，由弹蛋者站在界线上探身向“蛋塔”投掷泥古蛋，规则跟弹击一样。

为使泥古蛋能滚动较长的距离，泥古蛋须坚硬光滑，制作时一般用黏土作原料。20世纪60年代后，泥古蛋逐渐被玻璃蛋取代，弹泥古蛋变成弹玻璃蛋。

**碰鸡蛋** 儿童在端午节时常玩的游戏。端午节的早晨，家长会给每个孩子1～2枚熟鸡蛋，孩子为显示自己有鸡蛋，且自己的鸡蛋个大壳硬，一般舍不得马上吃掉，常常去找有鸡蛋的同伴碰鸡蛋。用手握住鸡蛋，用鸡蛋的小头相互碰撞，蛋壳破裂者为输，退出游戏吃掉鸡蛋，获胜者再继续与其他人碰撞。最终剩下的1枚鸡蛋被称为“蛋王”，拥有者会感到非常自豪。

**摔哇哇响** 这个游戏可1人玩，也可多人比赛，多人比赛时更有趣味。游戏时，参加比赛者先把软泥捏制成一个泥碗（俗称“哇哇”），然后托起泥碗向中间哈一口气，一边高喊“哇哇响，上南，你不响，我跻（páng）两跻”或“东西南北风，我的哇哇好大声”，一边用力将其倒扣着向石板或平地摔去。随着一声响，泥碗的底部炸出或大或小的窟窿后，其他参赛者要用自己的泥把窟窿补上，再摔自己的泥碗。做泥碗时，为使摔得响、炸得窟窿大，要把碗底做得薄一些、均匀一些，碗内部抹得密实些。

摔哇哇响　　李强　绘

## ◉ 方言土语

**方言** 陶家夼属威海市区方言范围，其方言的形成，主要受明初移民和清末商埠开放、人员往来、文化交流等诸多因素的影响。1958年全国推广普通话后，陶家夼的方言不断变化，尤以年轻人的变化突出，其语言正在逐渐向普通话靠拢。

陶家夼村方言和普通话语音的区别是：

没有卷舌音，zh 说成 z 或 j，ch 说成 c 或 q，sh 说成 s 或 x，r 说成 y。如："知识"说成 jìxī，"吃"说成 qī，"山"说成 sàn，"肉"说成 yòu。

去声多说成平声，平声又多说成去声。如："看见"说成 kǎnjiān，"树木"说成 xūmū，"绿化"说成 lǚhuā，"桌子"说成 zhuǒzī，"谦虚"说成 qiànxù，"冲锋"说成 còngfēng。

陶家夼村的方言词语有：

天、地、时类，虹为"绛（jiāng）"，霞为"烧红"，雹为"凌（lēng）子"，雾雨为"雾露洒子"，逆风为"呛（qiāng）风"，山谷为"夼"，山林为"岚子"，平原为"泊"，乱石堆为"石砬子"，池塘为"湾"，岩石为"石硼"，河道为"河套"，河岸为"河帮"，上午为"头晌"，下午为"过晌""哈（hǎ）晌"，傍晚为"傍黑（hé）儿"，昨天为"夜儿"，一会为"没大会儿"，一大会为"老一会儿"，刚才为"才刚（jiàng）"，突然为"忽地拔""大不瞧儿"，不经常为"撒码的"。

生物类，南瓜为"番（fāng）瓜"，草莓为"婆密头"，板栗为"栗蓬"，高粱为"胡秫"，玉米为"棒棒"，黄鼠狼为"臊鼠狼子"，蝙蝠为"元宝蝠"，母牛为"套子"，小猪为"绑猪"，公猪为"脚猪"，鸭子为"鸭巴子"，乌鸦为"黑老哇"，喜鹊为"鸦鹊（qì）"，青蛙为"青拉崴子"，蟾蜍为"疥巴子"，蝌蚪为"格格当"，蝈蝈为"乖子"，蝉为"知了（jièliū）"，蝉幼虫为"蚂猴"，蜘蛛为"勒勒珠"，蚂蚁为"虮蚂样子"，蜇人的毛毛虫为"百（bō）刺毛"，大青蟹为"赤甲红"，小蟹为"蟹楞子"，狐狸为"貔（pī）子"，蛇为"长虫"，蜥蜴为"马蛇子"，蚯蚓为"曲蛇"，壁虎为"蝎虎子"，秃鸠为"勒勒雕"，蛤蟆为"胀鼓子""气鼓子"。

衣食房舍类，大衣为"骚搭子"，单背心为"汗流"，棉背心为"马夹""坎肩"，木拖鞋为"呱哒板"，布拖鞋为"鞋靸"，手套为"手巴掌"，小孩饭兜为"袼拉"，尿布为"裤子"，饼为"粑粑"，面条为"面汤"，油条为"麻烫（té）"，玉米面稀饭为"格子米汤"，吃饭为"哈（hǎ）饭""啖（dǎi）饭"，喝酒为"哈（hǎ）酒"，喝水为"哈（hǎ）水"，馒头为"卷子"，酱油为"清酱"，饺子为"馉（gù）子"，肥肉为"白肉膘子"，猪五脏为"下水"，做饭为"熬饭""做（zōu）饭"，稀饭为"米汤"，贴饼子为"烀（hù）粑粑"，面叶为"片汤"，治病为"扎蛊（gū）病"，挑食为"矫食"。

人体器官类，屁股为"腚沟子"，咽喉为"嗓格头子"，肚脐为"闭脐眼子"，额头为"眼棱盖"，天灵盖为"四脉顶"，下巴为"下巴壳（kǒ）"，脖子为"脖颈子"，胸口为“心口窝”，腋窝为“胳肢窝”，五指分别为“大拇哥、二拇娘、中指、太阳、小老五”，膝盖为“波棱盖”，口水为“吃（qì）水”。

动作、行为类，怒视为“瞅”，斜视为“瞟”，翻动为“拨（bū）撸”，仰跌为“磕个仰八蹬”，俯跌为“哈巴地子”，割为“割（gǎ）”，惊跑为“踅（xuě）”，塞为“堵（zǔ）”，挑选为“捡”，修理为“周理”，拨弄是非为“嘎拉嘴食”，骂人为“噘（jué）人”，玩为“站”，欺侮人为“强（qiàng）人”，干什么为“弄（nōng）么”，舒服为“滋儿”“舒爽”，愣神为“耳直了”“瞪眼了”，来早了为“稍来了”，顺便为“就溜”，闹别扭为“搅事”，勉强为“犟（jiāng）着”，偶尔为“撒码儿的”，拉痢疾为“蹲肚子”，聊天为“呱哒嘴”，喊为“嘘呼”“嘘唤”，放肆为“嘚瑟（sòu）”，捉迷藏为“趴老妈”，说瞎话为“胡诌（zòu）”。

描述形容类，薄为“xiào”，歪斜为“斜不啦唧的”，干燥为“响干的”，水分大为“净湿”“潮乎乎”“拉拉水的湿”，稠为“厚”，稀为“稀朗朗”“稀汤寡水”，多为“着实了”“老鼻子了”，不少为“极好儿的”，少为“没（mō）点儿”，黏为“胶黏（jiǎo niàn）”，快为“风快”“锋快”，水清为“澄（zhēng）清”，水不清为“透浑的”，黑为“墨黑”“黑不隆咚”“黑不溜秋”，深蓝为“血蓝”，黄为“焦黄”，白为“煞白”“漂（tiào）白”，红为“彤红”，绿为“血绿”，脏为“拉糊”，超过为“过张”“过洋”，苗条为“洒丽”，顽皮为“皮脸”，动作快为“扫特”，动作慢为“胶黏（jiǎonián）”，不爽快为“艮”，好为“哏（gěn）儿”，讨厌为“膈（gē）应人”，呆傻的人为“彪子”，不成熟的人为“欠把火”“锅掀早了”，吝啬为“悭（jiàn）”，为权势帮腔为“打歪歪棍”，酸为“焦酸”，甜为“稀甜”，苦为“巴苦”，辣为“斯辣”，咸为“齁（hòu）咸”“齁（hòu）死瞎子”，涩为“巴涩”，滑为“溜滑”，香为“喷香的”，臭为“耸臭的”，臊为“老臊的”，用鼻闻为“听”，糟蹋为“败折”，用筷子夹为“搛（jiān）”，亲近为“黏乎”，疏远为“裂戚”，怂为“草鸡”，料想不到为“没料瞧”，不屑一听为“不耳拾”，不经心为“嬉嗒儿混”，种种原因为“三七瘩（gǎ）搂”，奚落为“狷谤”，好开玩笑为“嬉溜”“离戏”，假话连篇为“猴溜的”，不正经为“耍马流”，不务正业为“流球”，固执为“犟眼子”，传瞎话为“嘎拉瞎话”，背后议论为“喳嘁”，厉害为“生古”，狠为“歹毒”，严格为“煞头”，不同意为“打拨（bù）拉”，捣乱为“格落黄”“搅屎棒子”，圆圆的为“团团的”，冒险为“发嚣（xiào）”，滚烫为“方滚老热”。

## 链接：方言语段三则

其一：一只鸦鹊饥荒（饿）了，抓了个蚂蚱，刚（jiāng）儿预备吃（qī）。家雀（麻雀）说（xuě）："给我点儿呆呆（dǎidǎi）！"鸦鹊掰（bēn）了个蚂蚱腿儿给它，说："管么也不嫌乎（嫌弃），呐，找个旮咕喽儿（旮旯）咂思去吧（慢慢去吃吧）！"不一会儿，家雀吃了（liǎo）了，又混（向）鸦鹊要。鸦鹊说："做（zōu）梦啊！给（qī）我远丢儿闪（shàn，躲远点儿）着，少跟儿这儿惹（yě）我恶此（厌烦）！"家雀说："哈那（哎呀），鸦鹊哥（guō），再给没点儿就行了！"鸦鹊说："再迂克（啰唆），别说我捂（用巴掌扇）你身上！"家雀说："真夹次（小气），还是（sì）吃我自己的吧！"

其二：捏天后晌（那天下午），我吓提得了（吓坏了），一个彪子（傻子）在道当个中（路中间），拿个棒棒（玉米）秸（zeì）子直个抡（lìn）搭，遇着谁（xuē）打谁，我差点叫他困（打）身上。

其三：我上山克（到庄稼地里）锄棒棒（玉米）地里的草，走到一棵（kuō）树（xū）底下，寻（xīn）思风凉么干儿（一会儿），正（zhē）合适飞了个家雀过去，"吧唧"拉了泡（pō）屎我头上，真照着了（让他窝囊着了）。

**谚语**　在长期的生产、生活中，陶家夼人通过自己的观察和学习，总结出了很多谚语，这些谚语反映了陶家夼人对自然、生活和人生的理解。

吃不穷，穿不穷，打算不到一世穷。
春捅一棍，秋吃一顿。
种地不施粪，等于瞎胡混。
有钱买种，无钱买苗。
过了芒种，不能强种。
口粮不佳，多栽地瓜。
肝和肠子当不了肉。
守着馋的没攒的，守着勤的没懒的。
人怕劝，车怕垫。
越吃越馋，越站（玩）越懒。
早起三朝顶一工，强于求人落下风。
好货不用招呼，招呼没好货。
为贪一口食，掉了四两膘。
叫唤的雀儿不长肉。
打人家一巴掌得防备人家还一脚。
人要脸，树要皮，不要脸的没法治。
人心要实，火心要虚。
活到老，学到老，八十三岁学着巧。

狼咬马，大口扎。

哑巴日头独楞蒜，仰脖老婆低头汉。

蚕老一朝，麦熟三晌。

井里的蛤蟆酱里的蛆，干饭（米饭）有沙是规矩。

外面拾块板，家里丢扇门。

南风若过三，不雨也阴天。

大雾不过三，便有阴雨天。

烧红烧到顶，下雨下满井。

南珥[①]风，北珥雨，两珥都有好天气。

旱刮东风不下雨，涝刮东风不开天。

久旱东风不下雨，久雨东风不开天。

南风雨，南风开，不过三天还回来（东风同）。

雾露穿介，好不到晌[②]。

日出红似火，午后大雨落。

日落云里走，雨在半夜后。

云交云，雨淋淋[③]。

急雷雨易停，闷雷天难开。

久晴必有久连阴。

天出半截虹，当天有雨响。

朝看东南，晚看西北。

早晨雾露满天，晌午晒死貔子热死獾。

东虹[④]雾露，西虹[⑤]雨。

好天红太阳，有风紫太阳，有雨太阳白又黄[⑥]。

人黄有病，天黄有雨。

日晕雨淋淋，月晕刮天昏。

雷公无雨先唱歌，有雨也不多。

北风头，南风尾[⑦]，冬天的南风冻死鬼。

夜间有风响，早晨无风有大霜。

日落东风止，不止必转南，不转是雨天。

日出日落，云彩烧红，不雨也有风。

晨日照云间，午后起风暴。

北云南逃，大风随到。

大霜毒日现，毒日无好天。

蚂蚁搬家蛇过道，出门小心挨雨泡。

该涨不涨，要听风响；该落不落，小心风暴（海潮）。

无风三尺浪，必有大风降。

九里有大雾，百日有风雨。

大风百日回头[⑧]。

立秋有雨秋不干。

春冷秋热，必是雨节。

---

① 南珥：指太阳日珥。

② 指低云穿山谷。

③ 指上下云走向不一样时有雨。

④ 东虹：彩虹在东方。

⑤ 西虹：彩虹在西方。

⑥ 指日落时。

⑦ 北风开头大，南风越刮越大。

⑧ 指百日后有风雨。

春冷秋热伏腌臜（闷热）。

正月二十五刮南风，春天多雨。

清明断雪不断雪，谷雨断霜不断霜。

八月十五涝上月，正月十五雪打灯。

九里雪大，伏里雨大。

秋雨大，冬雪少。

夏至东风摇，麦子坐水牢。

不怕初一阴，就怕初二下。

春天南风不受北风气，秋天北风不受南风欺。

朝刮三，夜刮四，不晌不歪刮一日。

鱼鳞天，不雨也风颠。

一场春雨一场暖，一场秋雨一场寒。

仙姑顶戴帽，一滴一个泡。

**歇后语** 陶家夼流传着许多歇后语，这些歇后语短小、风趣、形象，丰富了陶家夼人的语言。

一口吞了个萤火虫——心里亮堂

三九天吃冰棍——里外凉透了

五斤的鸭子三斤的嘴——就是嘴行

六月的韭菜——臭死狗

七个铜子两人分——不三不四

海蜇过河——随大流

蟹子磕头——太触眼了

猫枕鱼头——哪能睡着觉

一只猫俩头——二虎

小叭狗咬天，老母猪拱地——不知天高地厚

羊群里蹦出个驴——显大个

母鸡打鸣——出力讨人厌

长虫钻竹筒——回不过头来

苍蝇转锅台——混饭吃

阎王爷贴告示——鬼话连篇

阎王娘娘怀孕——一肚子小鬼

孙悟空他妈怀孕——一肚子猴儿

老妈妈唱唱——老是那么个调儿

猪血拌豆腐——有红有白

鼓子凌（冰凌）蘸蜂蜜——先甜后凉

茼秆打狼——两头害怕

洗脸盆里扎猛子——不知深浅

抱着元宝跳海——舍命不舍财

麻袋做呢子服——不是好料子

海猫子（海鸥）赶海——不论潮流

蚧巴子上脚面——不咬人膈应人

蚧巴子垫桌子腿——干鼓肚子生气

猴子吃芥末——瞪眼了

领着猴子拜年——抓亲戚脸

丈母娘当家——尽出馊主意

坐在茅坑吃山楂——穷酸臭美

正月十五贴门神——晚了半个月

驴吃柳条拉粪篓子——现编

兔子屎装枪——不是好子

老锅子（驼背）上山——前（钱）紧

二十一天不出鸡——坏蛋

# 艺文杂记

《秋色赋》《新秋色赋》《山神庙的传说》《狼咬子的故事》等艺文杂记向人们展示了陶家夼由一个野狼出没的荒山野谷变成花果飘香、美誉四方的“苹果村”“葡萄夼”和令人向往的人居福地，反映了陶家夼的时代变迁。

艺文杂记再现了陶家夼当年优越的环境、良好的景观及美丽的传说，以《秋色赋》为代表的力作，掀起了一代又一代人对陶家夼的美好向往。

# ◉ 艺文

## 诰授通奉大夫、江宁等处承宣布政使司布政使陶悔轩府君墓识铭[①]

〔清〕赵希璜

陶悔轩先生卒后二十有一年，嘉庆戊午，先生之孙象炳，来令内黄，与希璜同官，持先生行状乞识于希璜曰：“先生任布政使时，乾隆戊戌”，以徐述夔案被逮入都，疾笃遂殁。象炳孤苦伶仃，不能自立。今得微禄养亲，将殡先生丧。丐予次其生平，识其颠末，铭诸贞珉，昭诸来世。希璜辞不获已，因敬识之按状。先生姓陶氏，讳易，字经初，号悔轩。先世祖某洪武间官威海卫指挥佥事，世袭，遂为文登人。八世至高祖某，始就儒术，充廪膳生。曾祖讳希圣，青城县儒学训导，妣李氏。祖讳威凤，茌平县儒学教谕，妣王氏，生四子。长元士，雍正壬子科举人；次本生父，讳正士，号方崖，雍正癸卯选拔贡生，任江西长宁县知县，早世，妣吕氏；父讳申士，县庠生，早世妣吕氏，苦节奉旌，事详

① 〔清〕赵希璜：《研栰斋文集》卷一，清《续修四库全书》本。

县志；次彤士，邑庠生。自训导公后，以先生贵封赠如先生官，妣皆夫人。先生由方崖公次子入继，吕夫人抚孤教养。家故贫，霜风雪夜，燃松煨芋以饲先生。先生能仰体夫人心，机声与书声齐彻也。年十七，补诸生，随食饩。乾隆甲子，考取优贡生，肄业国子监。己巳，考取八旗教习官。壬申，应京兆试，中式举人，主考为孙文定公嘉淦、介少宗伯福，同考官为夏醴谷先生之蓉。旋以教习期满引见，奉旨以知县用。甲戌，拣发湖南试用，历署桃源、武陵、安化、安福、浏阳等县。楚俗号称健讼，先生抑强扶弱，发奸擿伏，咸诵神君。丁丑，补益阳县知县。己卯，调衡阳县知县，癸未，兼护府篆。有衡阳病疯人，在广西提督衙门投递逆词，粤抚冯公、楚抚乔公，驻衡阳查办，众心惶惑，先生以镇静处之，只取病疯人正法，家属俱免缘坐，众心允服。是冬，命下直省督抚保举堪胜知府，乔公首以先生名入告。甲申，引见，擢山西直隶平定州知州。己丑，简放江苏淮安府知府，先生益感激悚惶，奋勉图治。辛卯冬，淮关监督署内被劫，圣谕严切，督抚驻节河干，查拏赃盗，或拟将板闸居民尽拘刑讯者，先生力争不可而止。后获盗，果非附近人，大府由是益器重先生。甲午秋，黄河漫溢，水灌郡城，先生详请大府，赈抚兼施，率属亲给，无滥无遗。是冬，调江宁府知府，因俸满引见，蒙天语垂询被水情形及赈抚事宜，先生敬谨条对，温旨嘉纳。甫回任，即升授惠潮嘉道，阁部高公晋专折奏补江安粮道。丙申春，奉命擢授江宁布政使。是夏，赴热河行在陛见，蒙恩赐克食，召见者再，谕令速回办理淮、徐灾务。先生星驰回任，顺道挨查，一如在淮安时。戊戌夏，有已故举人徐述夔诗集违碍，经蔡某首告，批府查办未催详覆，蔡某又赴学使衙门具控，致先生被逮，行至韩庄，疾发，势遂沉重，入都后，延十日而卒。先生生于康熙五十一年壬辰十月二十日某时，卒于乾隆四十三年戊戌十月二十七日丑时，得年六十七岁。配于夫人，与先生合德，生于康熙五十一年壬辰六月二十三日某时，卒于乾隆四十六年辛丑十月二十八日卯时，得年七十岁。子五人，曾履，岁贡生，东昌府儒学训导，广西候补通判；曾恒，江西试用布政司经历，借补鄱阳县县丞；曾晋，府学廪生；曾同，监生；曾过，附生。孙九人，象炳，己酉科副榜，河南候补同知，借补淅川县知县；象烺，候选监运司知事；象纶，附生；象绂、象绶、象绣、象组、象佩，附生；象图。曾孙一人，曾孙女一人，兹以嘉庆七年某月日，合葬先生于祖茔侧某山某向之原，盖距卒后二十有五年矣。象炳署内黄县知县时，用希璜言获奸民张标，奉特旨擢官同知，卓卓有祖风，克光显先德无疑也。因识先生墓而曰："维贤克贤，维孝克孝。厥母克贞，厥孙克孝。懿矣端醇，抱朴守真。俯仰就范，缜栗而温。岂楚有材，岂晋实用。晋楚循声，弦歌雅颂。黄水滔滔，淮水汤汤。荣谷谨饥，鸿雁哀伤。帝曰：‘汝贤，擢淮安守，用酬懋绩，以悦黔首。’乃命观察，乃进旬宣。安集流离，赈抚颠连。翼翼小心，愓愓终日。胡遘闵凶，衅起仓卒。恍兮颓山，惚兮委梁。铭之元右，永识今望。”

## 秋色赋①

峻青

时序刚刚过了秋分，就觉得突然增加了一些凉意。早晨到海边去散步，仿佛觉得那蔚蓝的大海，比前更加蓝了一些；天，也比以前更加高远了一些。回头向古陌岭上望去，哦，秋色更浓了。

多么可爱的秋色啊！

我真不明白，为什么欧阳修作《秋声赋》时，把秋天描写得那么肃杀可怕，凄凉阴沉？在我看来，花木灿烂的春天固然可爱，然而，瓜果遍地的秋色却更加使人欣喜。

秋天，比春天更富有欣欣向荣的景象。

秋天，比春天更富有灿烂绚丽的色彩。

你瞧，西面山洼里那一片柿树，红得是多么好看。简直像一片火似的，红得耀眼。古今多少诗人画家都称道枫叶的颜色，然而，比起柿树来，那枫叶却不知要逊色多少呢。

还有苹果，那驰名中外的红香蕉苹果，也是那么红，那么鲜艳，那么逗人喜爱；大金帅苹果则金光闪闪，闪烁着一片黄橙橙的颜色；山楂树上缀满了一颗颗红玛瑙似的红果；葡萄呢，就更加绚丽多彩，那种叫“水晶”的，长得长长的，绿绿的，晶莹透明，真像是用水晶和玉石雕刻出来似的；而那种叫做红玫瑰的，则紫中带亮，圆润可爱，活像一串串紫色的珍珠。……

哦！好一派迷人的秋色啊！

我喜欢这绚丽灿烂的秋色，因为它表示着成熟、昌盛和繁荣，也意味着愉快、欢乐和富强。

今年，胶东半岛上雨水充足，气候适宜。一开春，小麦就长得很好，得到了可喜的

① 摘自《峻青文集》，河北教育出版社，1994 年 4 月。

收成。六月间，当我乘坐胶济列车经过昌潍大平原时，看到那金色的麦浪，像海洋似地荡漾在一望无际的大平原上，而打下来的麦子，则像一座座的山岭堆在铁路两旁的场地上，心里禁不住欣喜万分。当时，我曾把这种欢乐的心情，写信告诉过许多和我同乡的战友，让他们和我一起共享这故乡丰收的快乐。现在，时间过去了刚刚三个多月，前几天，当我乘坐由青岛开往烟台的列车经过胶东内地时，又看到了一幅秋天大丰收的欢乐景象：金黄色的谷子刚收割了不久，高粱又熟得火红一片，山坡上、田野里，到处都是紧张秋收的人群。村头上、打谷场里，到处都堆着像小山一样高的庄稼秸子和金光闪闪的苞米穗子。胶东，这个不愧为水果之乡的半岛上，今年的水果特别丰收。列车经过莱阳车站的时候，车站上摆满了著名的莱阳梨，这梨又大又甜，人们告诉我：今年梨的产量，大大地超过了去年。

在烟台西沙旺，我曾参观了以盛产烟台苹果著称的幸福公社。现在，正是苹果成熟的时候，一踏进那绿色海洋般的果林里，就闻到一股浓烈的苹果香气。人们告诉我，六十年前，这儿还是一片荒凉的沙滩，那赭黄色的沙地上，什么都没有。栽植苹果，只不过是近三四十年的事情，而苹果的大规模发展，却是在解放之后，而尤其是近几年来。瞧，那一棵棵枝叶茂盛的果树上，累累的果实把树枝都压弯了，有的树枝竟然被苹果压断了，而大多数树枝不得不用木杆撑住。生产队门前的广场上，收摘下来的苹果堆得像小山一样，成群的姑娘们正在把这驰名中外的香蕉苹果包装到雪白的木箱子里，一辆接一辆的卡车，又把这包装得整整齐齐的苹果运送到海关码头和火车站去。很快地，国内各大城市和国外一些地方都尝到了这芬芳甘甜的美味了。让那些吃到这种美味的朋友们，也都来分享一份我们丰收的喜悦吧。

前天，在威海市的陶家夼，我又看到一派更令人喜爱的秋色。那里，除和烟台西沙旺一样有着成片的苹果林以外，而更有特色的却是葡萄，那简直是一个葡萄的王国。九十多户的山村，整个的都笼罩在绿色的葡萄架下。那风光，就别提有多么幽美了。就请想象一下那条奇特而美丽的街道吧。这是一条完全由茂密的葡萄枝叶所搭成的街道。因为街道的两旁也栽遍了葡萄，那茂密的枝藤顺着架子交叉着爬满了大街的两旁和上空，使得大街变成了一条长长的绿色的走廊。现在，葡萄全都熟了，那一串串亮晶晶的淡绿色、紫红色、米黄色的葡萄，挂满了大街的两旁和上空，人在这大街上走着，就仿佛走进了一个琥珀和珍珠缀成的世界。

一条从山谷的深处流经村庄前面的小河，小河的两岸和上空，也长满了葡萄，姑娘们在葡萄架下面洗衣服，那五光十色的葡萄和姑娘们的影子一起倒映在清澈的河水里。

家家户户的院子里，也都盖满了葡萄。头一年栽下一棵小小的枝丫，第二年就爬满了整个的院落，使得院子和屋里都充满了绿色。人们就在这葡萄架下吃饭乘凉，妇女们则在葡萄架下做针线活儿。

今年的葡萄特别丰收，一般的每棵都收摘到一千斤以上，其中有一棵竟然收摘了两千六百多斤。这种丰硕的收成是令人可喜的。然而更加令人欣喜的还是那种在陶家夼村民中普遍形成的高尚风气：在这里，不论是大街上或是小河旁，那遍地触手可及的葡萄，竟没有一粒丢失的。且不说大人，就连七、八岁的孩子，也都把集体的财物，看得比自己的还重要。去年陶家夼在超额完成了国家的收购任务之后，把多余的一万斤苹果分给了社员们。社员们却把这分到的苹果按收购牌价卖给了公家。这是多么令人钦佩的高尚品质啊！

应该说，这也是一种丰收，是一种精神品质上的丰收。而这种丰收，比起谷物果木的丰收来，更加可贵，更加令人兴奋。因为一般的谷物丰收，可能出现在任何一个风调雨顺的角落里，而这种精神品质上的丰收，却只能出现在我们这社会主义的土壤上，出现在毛泽东时代里。

我们中国有句农谚："不行春风，难得秋雨"。

这句话，不只是一种气候上的规律，也是人类生活中的一条哲理。谁都知道，眼前这丰硕的收成，并不是凭空得来的，而尤其是在那连续几年的严重灾荒之后。

我们并不讳言：前两年，我们的确有过一段相当困难的时刻，但是这种情况改变得很快。记得今年三月间，当我乘坐由济南开往烟台的列车经过昌潍大平原的时候，看到铁路两旁的田野里，到处都是紧张忙碌的人群。那时候，天气还很冷，潍河里还在流着浮冰，平原上整天价在刮着扬天揭地的老黄风。人们就在这大风中刨地耕田，生产热情是那么高，干劲是那么足。这时候，和我同车的一位老汉站在车窗前面，眯着眼睛，向外望着那一群群在田野上耕作的人们，望着那扬天揭地的大风，自言自语地说：

"好哇，大风，你就使劲地刮吧。你现在刮得越大，秋后的雨水就越充足。刮吧，使劲地刮吧，刮来个丰收的好年景，刮来个富强的好日子。"

这老汉大约有六十多岁，胡须头发全都白了，但是精神却很好。他看到我在注意地看他，就冲着我一笑说：

"'不行春风，难得秋雨'。同志，你听到过这句成语吗？"

我点了点头。

他又问："可是，你知道这春风是从哪里刮来的吗？"

我摇摇头，觉得他的问题提得有些奇怪。

老汉神秘地一笑，指着正北的方向说："喏，从那里，北京。"

"什么？北京？"我益发困惑不解了。

"嗯，北京。"老汉严肃地点着头，笑眯眯地说："从北京，从党中央。"

哦！我明白了。

老头子指的是另一种春风。他把党集中力量加强农业的号召称为春风。

我不禁高兴地称赞道："好，好恰当的比喻。"

老头子说："这是我一辈子的亲身体验：不管遇到多么大的困难，只要能按党的指示去做，就一定会得到好的结果。你说我这个体验不对吗，同志？"

为什么不对呢？而且，有着这样的体验的，又何尝只是这老汉一个呢？可以说这是全中国人民共同的体验，是全中国人民从几十年革命斗争中所摸索出来的一条真理。

春华秋实，没有那浩荡的春风，又哪里会有这满野秋色和大好的收成呢？

就在我写这篇短文的时候，中共八届十中全会的公报发表了。这又是一场令人兴奋的春风，可以想见，不久的将来，一定会看到滋润大地的秋雨和灿烂丰硕的收成。

国庆节的晚上，我和威海市的人民一起欢度了国庆之夜。尽管这里是地处偏僻的东海之滨的一座小城，然而，我们的节日仍然过得是那么热闹、隆重。从清早起，四乡八舍的人们就成群结队地来到了城中心的广场上，来到了清洁的马路上。他们有从大海里渔罢归来的渔夫，有从深山果林里赶来的农民，有机关的干部，也有工厂的工人和学校里的学生。他们每个人都是满面春风地流露着愉快的神色。

这天夜里，在市中心的职工俱乐部里，我又看到了另外的一种丰收：一个不久前才由机关、工厂的业余戏剧爱好者所组织起来的吕剧团，演出了大型历史剧《则天女皇》。虽然这剧本本身还存在着许多值得研究的问题，虽然吕剧这种地方剧的形式表现那种大型的宫廷戏还有着许多值得商榷的地方，但是，就表演水平本身而论，却是非常令人兴奋的。因为在这里，我看到了许多有天才有前途的演员，而他们当中的绝大多数，两年前还是工厂的工人或者初中学校的学生呢。看到这精彩的演出，怎能不为这艺术幼芽的成长而感到万分欣喜呢？

春风浩荡，秋雨滂沱。

在这大好的秋收季节里，成熟和丰收的又何止上面所写到的那几个方面呢？几天来，我不断地漫步山野，巡行田间。眼前那绚丽缤纷的大好秋色，真使人眼花缭乱，应接不暇。

啊，多么使人心醉的绚丽灿烂的秋色，多么令人兴奋的欣欣向荣的景象啊！

在这里，我们根本看不到欧阳修所描写的那种“其色惨淡，烟霏云敛……其意萧条，山川寂寥”的凄凉景色，更看不到那种“渥然丹者为槁木，黟然黑者为星星”的悲秋情绪。看到的只是万紫千红的丰收景色和奋发蓬勃的繁荣气象。因为在这里，秋天不是人生易老的象征，而是繁荣昌盛的标志。写到这里，我忽然明白了为什么欧阳修把秋天描写得那么肃杀悲伤，因为他写的不只是时令上的秋天，而是那个时代，那个社会在作者思想上的反映。我可以大胆地说，如果欧阳修生活在今天的话，那他的《秋声赋》一定会是另外一种内容，另外一种色泽。

我爱秋天。

我爱我们这个时代的秋天。

我愿这大好秋色永驻人间。

1962 年国庆节次日写于威海市

## 新秋色赋①

张思玉　汪智杰

“秋天，比春天更富有欣欣向荣的景象。”

“秋天，比春天更富有灿烂绚丽的色彩。”

“我喜欢这绚丽灿烂的秋色，因为它表示着成熟和繁荣，也意味着愉快和欢乐。”

这些耳熟能详的词句出自八九十年代中学语文课本中的一篇散文——《秋色赋》。这篇散文是 60 年代初（时任大日报社记者）的峻青先生光临素有“水果之乡”美誉的威海市（现改为威海市环翠区）陶家夼村有感而写就的。陶家夼从此闻名遐迩。

40 年后，我们踏着峻青先生的足迹重走了一遍陶家夼。

在村委会陈列室，我们见到了 60 年代保留下来的老照片，有农民喷药、田间耕作的，也有农民喜获丰收后那灿烂的笑容，陶家夼的辉煌就这样“刻”在永恒的时间隧道里。村支部书记陶建军向我们介绍说：那时候陶家夼靠种水果发了财，每人每天挣的工

① 原载 2000 年第 10 期《山东画报》。

钱能赶上一名工人一个月的工资，所以根本没人羡慕工人。在最新的一份资料上我们看到：1999 年，全村村民人均纯收入已达两万（余）元。在以后三天的时间里，我们走遍了陶家夼的每一个角落。昔日的小山村，如今变大了，90 户变成了 1787 户，外来人口占到了 3/5；也变得更俏丽了，茅草屋换成了楼房，花园亭榭点缀其间。陶家夼仿佛跳出“农”门，脱胎换骨成为“花园小都市”。

### 葡萄河的变迁成了陶家夼村发展的见证

出了村委会，我们最想去的地方就是葡萄河。峻青先生关于葡萄河的描绘（琅琅）[朗朗]上口，随行的一位同志顺口念了一段：村前的一条小河，两岸长满了葡萄，姑娘们在葡萄架下面洗衣服，那五光十色的葡萄和姑娘们的影子一起倒映在清澈的河水里。

去葡萄河的路上，陶建军介绍说：由于村里整体规划的需要，河床已经改了道。80 年代初，陶家夼村农田承包到户以后，果树疏于管理，农业逐渐走下坡路了。多数农民凭借濒临市区的地理位置，早已不甘心做一名“安分守己”的农民了，而是搞起了运输，做起了小买卖，或者拔起泥腿上岸当了一名工人。尽管这里的农民说不清什么是市场经济，但他们却以实际行动顺应了从计划经济向市场经济的转变。1991 年 12 月，以陶建军书记为代表的新一届领导班子上任后，审时度势，选择了一条启动房地产，发展工业，拉动第三产业，通过壮大集体经济来实现共同富裕的道路。

不知不觉间，我们来到了葡萄河边。只见 20 多名妇女聚集在一起，潺潺的河水伴着妇女的朗朗笑声流向远方。63 岁的老大娘王文荣向我们介绍说：现在家里虽安装了自来水，但还是喜欢到这儿洗衣服。从凌晨四点钟开始，一直能持续到半夜一两点钟。村里为妇女考虑的也够周到的，在河边用混凝土砌成洗衣板，岸边还用不锈钢管焊制了晾衣架。也许陶家夼人为了那份难以忘却的情怀，而再造了这条葡萄河，两三年以后，这里将再现昔日葡萄河的风采。

葡萄河的对面，便是村老年活动室。我们见到老人们三五个人一组，或下棋，或打牌，其乐融融。60 年代的老支书陶（加）[嘉]本现在负责着老年活动室，当年的壮汉已是耄耋老人，但精神矍铄。老人兴致很高地向我们倾诉着几十年来的变化：那时候陶家夼在胶东数一数二的，但与现在比起来，一个地下，一个天上。在他 4 间瓦房的旧址上，如今盖起了一座大楼，他也搬进了 67 平方米的楼房，那时候五个孩子挤在 2 个土炕上，做梦也想不到现在他们个个都住上了新楼。老两口还享受村里一等退休金，每人每年 1020 元；每逢端午节、中秋节、老人节、春节，村里都发慰问品，医疗费村里也全部报销。望着老人挂在脸上的微笑，我们心里好生羡慕。

### "陶"家不仅变成了百家姓，而且与洋居民轧上了邻居

走在陶家夼村宽敞整洁的柏油路上，总有一种目不暇接的感觉。路的两旁全是花园，花丛间有美人蕉、剑兰、月季花、梅花、樱花，还有一些花叫不上名来，简直就是一个大植物园。花园三季有花，四季常青。里边还安装有攀网、双杠、翘翘板等健身器材，茶余饭后，大人孩子除了赏花，顺便活动一下筋骨。

这么优美的环境，难怪城里人喜欢到这里居住。从培昌老先生离休后，选择了陶家夼作为他颐养天年的地方。从先生本来在市中心有一套不错的住宅，可是这儿的一桩桩小事，让他铁定了心非住这儿不可：孩子扔个酸奶瓶，村民便会自觉地拾起来；下雪天家家户户都出来扫雪；下水管道冒水，物业管理处马上赶来疏通；村里投巨资开辟公交线，每 7 分钟就有一班公交车发往市区；居民之间相敬如宾，不管你是本村的，还是外来的。

40 年前，陶家夼清一色全姓陶，现在的居民却是来自五湖四海。令人难以置信的是，在陶家夼村 1787 户居民中，竟有 30 户是"洋居民"，他们来自美国、韩国、俄罗斯等十几个国家。持有美国绿卡的华侨徐道政先生在韩国、日本、[中国]台湾、美国都有产业，但他留恋故土，考察了大半个胶东半岛，觉得陶家夼无论是生活环境，还是治安环境都有点类似他在美国的住所，所以选择了这里。陶家夼连续九年没有发生一起刑事案件，这在市场经济相对发达的地方，应该说是一个奇迹。前不久，全国公安厅长会议在威海举行，中央政法委书记罗干听说以后，饶有兴趣地率团前来参观，辖区内没有一户安装防盗网，令在场的公安厅长们赞不绝口。

### 大川是由"夼"字拆成的，但它已成了陶家夼文化的一种象征

当年陪同峻青先生采访的全国劳模陶遵祜，号称"全国果业[十]八把剪子之一"，可惜 1987 年已作古。在他的长子陶俊麟家里，我们遇到了陶遵祜的老伴，在见到她的那一刹那，我们有些不敢相信眼前这位头发灰白，脸色红润，走路稳健有力，说话底气十足的老人，已是 92 岁高龄了。听说我们来采访，老人一个劲儿地夸还是现在生活好，有享不尽的福。如今在陶家夼钢琴、电脑、汽车这些对城市居民尚属高档的消费品，早已进入寻常百姓家。

走进村民陶遵和的家，仿佛到了艺术馆，客厅、餐厅里布满了奇石、根雕作品。陶遵和从 1990 年开始研究根艺，近几年共创作根艺作品 60 余件，收藏奇石 100 余件。其

中根艺作品《黄河颂》荣获中国根艺美术作品展三等奖，《难圆绿色的梦》获山东省根艺奇石展一等奖。1995 年，他被联合国教科文组织授予“民间工艺美术家”称号。

村民孙淑华家里这几天来串门的邻居络绎不绝，祝贺她的女儿考取兰州医学院的研究生，一并向她讨教教子的诀窍。村里重奖考上学的学生，研究生每人奖励 3000 元，本科生奖励 2000 元，就连重点中学的学生也能领到 800 元。学生离村上学，村干部不仅亲自去送，而且还一再叮嘱：到了大学，一定要努力学，别愧对陶家夼村父老的期望。陶家夼除了重视人才培养外，还注重人才引进，近几年引进的 18 位学有专长的工程师均被安排到关键的岗位上。

夜幕降临，村里的男女老少便不约而同地聚集到广场，乘着凉爽的秋风，和着优美的旋律，舒展着轻盈的舞姿。每逢周末，居民还自发组织文艺晚会，每个人拿出自己的绝活。节庆日，村里组织文艺活动，居民争先报名，唯恐落下。孟淑香老大娘说大伙没想得啥奖，只图个乐呵，贵在参与嘛！据说村里经常组团到邻村巡回演出。

漫步陶家夼，随处可见各式各样的雕塑，寓意着勤奋读书、强身健体、爱护环境，和风细雨滋润着每一位村民的心田。这也是陶家夼村文化的一部分。

40 年的春华秋实。昔日的陶家夼如今成为闻名全国的文明村。不久前，峻青老人欲打算故地重游，热情好客的陶家夼人翘首期盼着。不巧的是，峻青因身体原因而未能成行。不过，陶家夼人一直怀念着他，梦想着老人有一天会再回来。

## 威海成就的生活 ①

南香红　汪智杰

“请想象一下那条奇特而美丽的街道吧。这是一条完全由茂密的葡萄枝叶所搭成的街道。”“现在葡萄全都熟了，那一串串亮晶晶的淡绿色的、紫红色、米黄色的葡萄，挂满了大街的两旁和上空，人在这大街上走着，就仿佛走进了一个琥珀和珍珠缀成的世界……”

这是 1962 年的陶家夼。这年 10 月（身为大众报记者的）峻青，为这个依山抱海的小山村所动，写下了著名的《秋色赋》。

请再一次想象一下那条奇特而美丽的街道吧——“惊见昔日茅舍数幢，炊烟几缕之

① 原载 2003 年 1 月 29 日《南方周末》。

山谷小村，竟成高楼林立、街衢纵横”，39 年之后，80 岁的峻青重返陶家夼，那条琥珀和珍珠缀成的街道已无法想象了。在城市的不断长大中，陶家夼已经变成了一个地地道道的城市社区。过去几十户人家的小山村，变成了一个有 1700 户，6000 多人口的大社区。陶家夼一步从农村跨入城市。

现在走在陶家夼一排排白色为主的 6 层楼房群中，脚下踩着干净坚硬的水泥路，会有一种失忆的感觉，一个遍山葡萄和苹果充满海岛风情的小山村无论如何也无法和现在联系起来。陶家夼的 400 多原住户，只有几户人家还守着最后的果园，其他的人全都变成了工厂的工人。而外来的人，很多是看中这块依山抱海的宝地，为自己买一处度假的宅子。夏天，这些人就会从韩国，从北京、上海，或者你不知道的什么地方冒出来，冲海浪、洗温泉、吃海鲜，冬天降临的时候，候鸟一样，人去楼空。

陶家夼里没有别墅、豪宅，面积最大的住房是 118 平方米，有车的人家也不少，但你也看不出谁家里藏有万贯，也似乎没有谁家里穷的揭不开锅。陶家夼里流淌的是一种平稳、安静、均衡的日子。陶家夼里全部的退休人员都享受了养老保险；社区里的全体居民都参加了社区合作医疗——不管你的户口在哪里，也不管是否有工作，男女老幼只要交 280 元，门诊费用社区报销 50%，住院报销 80%。

在威海，人人都知道陶家夼是最好的社区，这里的房子在图纸上的时候就销售一空。很多人在此购房看的是国家建设部颁发的“全国城市物业管理优秀住宅小区”的牌子。陶家夼是威海第一个进行物业管理的小区，十多年没有发生过一起刑事案件。陶家夼小区的管理有几个标志性的细节，一是小区里绝对没有“牛皮癣”小广告，二是整个小区绝没有白色垃圾，三是居民的窗户上不需要安全网。

柏荣春和妻子张琦从黑龙江牡丹江市来到威海，第一感觉是：“下船像是身在国外，吸了一口空气像是喝了清泉水。”

“我深爱威海。”柏荣春说。

为了举家到威海，他扔下了做得不错的广告装潢生意，妻子辞了别人想去都去不了的燃料公司工作。为了在威海能够生活下去，他们开过服装商店、搞过工厂、和韩国人做过生意、承包过土地、种过大棚。

尽管受过很多的折腾，但他们依然觉得值。“什么东西会有命值钱呢？”

一般人都会说自己的家乡好，但柏荣春却说牡丹江有三样不好，一是空气污染太重，二是社会贫富差距悬殊，三是社会治安不好。他说威海的老人轻轻松松活个八九十岁，但在他的家乡，老人们七十多就很少有成双成对的，不是缺老头，就是缺老太。

1996年，柏荣春和妻子驾车跑了8个省，试图去找一个更适合居住的地方，他们觉得，海南的三亚和威海最好，但相比来说，三亚的气候、语言、风俗和家乡差别太大，适应起来很吃力，而威海在感觉上就要亲近得多。

九年之后的今天，不仅柏先生一家迁来威海，妻姐一家、母亲、岳丈也都迁来了。柏荣春的日子看起来过得相当不错，刚刚卖掉了80多平米的房子，换了陶家夼的一处上下二层的近200平米的临街店铺房，又花了25万买下了社区内的一块临街房，妻子开了一家桑拿洗浴中心，洗浴桑拿收费3元，搓背4元。一年有多少收入柏不愿意说，只是说销售额有十一二万。他自己另有生意，做韩国一家公司的建筑材料威海总代理，整个公司就他一人，至于收入多少更是个秘密。

“这都是威海给的生活。”柏先生说，他今生最好的作品是“把自己的妈妈嫁给了岳父”。岳丈75岁，母亲70岁，两位老人都丧偶。“这事只有在威海才能做成，在家乡亲戚朋友的眼皮底下，两位老人是怎么也不会答应的。”柏先生说，当他们把两位老人从牡丹江接来时，两位老人甚至不敢同时上火车。到了威海两位老人就没那么多顾虑了，搬到一起住，互相照应，儿女还省心。“你不知道现在两个老人生活得多么好！两人手拉手去散步，手拉手去打麻将，我妈身体不好，糖尿病刚出院，岳父就前前后后照顾，看了都让人感动。”

大海是柏先生一家的生活主题，夏天的每一个傍晚，他都要驾车带孩子到傍海的公园、到海滩上去散步，他们在一点点开掘威海好玩的地方，山山岛岛都转遍了。他也常和妻子开车出去，到一个陌生的地方住一住，过过夫妻两人的生活。他说威海是一个过生活的好地方，生意是第二位的，也只能做点小的。威海这样安静而美丽的城市，不会鼓起人的大欲望。挣点钱，用来生活，这是对威海大海阳光最好的理解和报答。

## ◉ 杂记

### 山神庙的传说

陶家夼原本是里口山东麓的一处人迹罕至的荒凉山谷，谷内树高林密，杂草丛生，常有野狼等野兽出没。陶家夼建村后，恶狼常于傍晚人少时袭击在田间劳作或在山路行走的村民，有时也会在夜晚窜于村中偷吃村民饲养的家畜、家禽。迫于狼患，孤身在外的村民都在傍晚前早早赶回家中，关门闭户，以防遭到恶狼袭击。19 世纪初，为求山神保佑村民免遭狼害，村民们在牛头山北的北夼河东畔修建一座山神庙。庙为砖石结构，小瓦盖顶，高约丈余[①]，庙门前放一块大黑石头，当作山神爷的看山狗，庙门两侧多贴有“庙内无僧风扫地，堂前缺烛月当灯”的对联，有时也贴“长长长长长长长，长长长长长长长”的对联。庙内塑有彩色山神塑像，塑像金面狰狞，怀抱大斧，颇有威震山林之势。

奇怪的是，自从有了山神庙以后，狼就再也没有出现在村子附近了。

为了报答山神爷的保佑，每年除夕，陶家夼村村民抬着供品，敲锣打鼓到山神庙烧香烧纸、燃放鞭炮、祭拜祈祷。

大约在 20 世纪初，有一顽劣儿童到山神庙玩，将山神爷怀中的大斧偷去砸坏。自从山神爷的大斧被砸坏以后，村里又有野狼出没。那顽童砸坏山神爷的大斧时，恰被村中一老人看见，老人大骂其不敬神灵，并将此事告诉了他的母亲，其母亲听说此事后将这顽童痛打一顿。后来顽童手上长了个疔疮，疼痛不已，人们都说这是山神爷对他的惩罚。听到传言后，顽童的家长赶忙找人重塑一柄大斧，带着顽童一起到庙里给山神爷按上，并磕头祷告，请求山神爷原谅。此后，狼又不再在村子附近出没，山村恢复了平静。

见山神爷如此灵验，陶家夼村养蚕的村民每年端午节和中秋节也都到庙前烧香放炮，祈祷山神爷保佑丰收。

1958 年大炼钢铁时，山神庙被拆除。

### “狼咬子”的故事

20 世纪 20 年代，陶家夼村周边的山谷里常有野狼出没，村民一到傍晚，便早早赶回家中，关门闭户，不再外出。一天夜晚，村民陶嘉滨因事耽搁在外，回家途中突然感觉身后草丛中有异常响动，回头一看，只见一头狼跟在身后，那双蓝莹莹的眼紧紧地盯着自己，吓得他撒腿就跑，边跑边喊，狼在其后紧追不舍。正在危急关头，幸得看山人打着火把出来相助，才将狼吓跑。

---

① 威海人常把这种建筑称为“方八尺子”。

“狼咬子”的故事　　李强　绘

之后不久的一天傍晚，村民陶嘉平兄弟两人在南竹岛村听完戏后沿着山路回家，快到村边时，突然发现后面跟了一头狼，本来就因担心遇到狼而胆战心惊的兄弟两人，顿时惊慌失措，边喊边往村子里跑，恶狼在后疯狂追赶，落在后面的陶嘉平被狼追上，屁股被狼咬了一口，幸亏村民们听到兄弟两人撕心裂肺的呼救，带着棍棒、锨、叉等出来相救，才赶跑了狼，救了他一命。此后，村民们都戏称陶嘉平为“狼咬子”。

## “闯崴子”的故事

清末至民国年间，陶家夼有很多村民因生活贫苦，不得不外出谋生，有的“闯关东”“闯崴子”，到东北和海参崴从事伐木、装卸等苦力活，有的“下南洋”，做生意、当船工等。

宣统二年（1910），陶家夼村村民陶嘉伶“闯关东”“闯崴子”后，经过多年的打拼，在海参崴买了一条山沟。后来，他觉得在海参崴的生活比在陶家夼富裕，且自己孤身一人在外，便回村带上儿子陶传遂和侄子陶传连、陶传奎等 10 余人一起到海参崴种地谋生。

正当他们准备大干一番时，1924 年，苏联当局规定在海参崴的中国人必须加入苏联国籍，陶嘉伶等人难舍故土，坚决拒绝，并于 1926 年回国返回陶家夼。

## 野鸡夼奇遇

野鸡夼野鸡多，每年秋天草木渐渐凋谢后，都有老鹰在野鸡夼上空盘旋，伺机捕食野鸡。《中华人民共和国野生动物保护法》颁布实施前，村民们常常在冬闲时用网、套或猎枪，到夼内捕捉野鸡。

20 世纪 60 年代的一天，陶家夼村村民陶某正在如厕时，突然 1 只野鸡从空中一头栽到她的脚边，正好被她抓住。她正在想是怎么回事时，抬头看见 1 只老鹰在空中盘旋。这才明白这只野鸡是遭到老鹰袭击，慌不择路，一头撞进了茅茨（即厕所）。

此事在村里传开后，一时成为村民闲时的谈资。

野鸡夼奇遇　　李强　绘

# 名人与名村

20世纪40年代至70年代，陶家夼村在农民果树专家陶遵祜的带动下，大力发展果业，成为闻名遐迩的“苹果村”“葡萄夼”，吸引著名作家峻青前往采访，著就脍炙人口的《秋色赋》。2001年，峻青重返陶家夼，喜见陶家夼翻天覆地的新变化，挥毫写下《大川吟》，欣然接受“荣誉村民”称号。

陶家夼社区人才辈出，有清江宁布政使陶易、农民果树专家陶遵祜、著名作家俊青，他们情系陶家夼，在陶家夼历史上留下了浓墨重彩的一笔。

## ◉ 陶易魂系陶家夼

**生平事略** 陶易（1712—1778），字经初，号悔轩，威海卫人。清乾隆九年（1744）优贡生，肄业于国子监。乾隆十四年（1749），考取八旗官学教习，乾隆十七年（1752）中举人。乾隆十九年（1754），赴湖南，历任桃源、浏阳、武陵、安化等县知县。乾隆二十八年（1763），任衡阳代知府。乾隆二十九年（1764），升任直隶平定州（今山西省东部）知州。乾隆三十四年（1769），调任淮安知府。乾隆三十九年（1774），升任广东惠潮嘉道，保举留守江安督粮道。乾隆四十一年（1776），升任江宁布政使。乾隆四十三年（1778）夏，因《一柱楼诗集》案被捕，在押送京城革职论斩途中悲愤发病，至京城十天后病逝。

陶易为官清廉，办案秉公，体恤百姓，深受人们爱戴。陶易又是一位诗人，著有《惜阴诗草》《游雍随笔》《平定杂诗》《平志备采》等。

**魂系陶家夼** 陶易去世后埋葬于今威海市环翠区钦村，因陶家夼村西有威海陶氏祖茔，故又在陶家夼为其修筑一处衣冠冢，坟前立一座高 1.8 米的墓碑，上书“皇清江宁布政使陶易之墓”，因衣冠冢坟堆和墓碑高大，陶家夼村村民习称之为“大坟”。1966 年，在修整“大寨田”过程中，坟堆被平，墓碑被毁。

## ◉ 农民果树专家陶遵祐

**生平事略** 陶遵祐（1909—1987），字子厚，著名农民果树专家，北方果树修剪“十八把剪子”之一，先后在国家、省、市级刊物上发表过近 20 篇果树栽培和管理研究论文。他的“结果枝组”理论和“主干疏散分层形”修剪技术，是二十世纪六七十年代北方果树栽培与管理的重要理论和推广技术，对中国果业发展具有重大影响。由于陶遵祐在果业上的突出成就和贡献，1952 年被评为山东省农业劳动模范（据 2007 年 7 月 25 日山东省农业厅人事处证明）。1957 年 2 月，出席山东省第二届社会主义农业建设积极分子代表大会。1958 年，出席全国农业社会主义建设先进单位代表大会，受到毛泽东等党和国家领导人的接见。1962 年，出席华东地区农业劳模会议，受到周恩来总理的接见。

陶遵祐

清宣统元年二月初七（1909 年 2 月 26 日），陶遵祐出生于威海卫（今威海市环翠区）陶家夼村，1923 年考入威海卫安立甘堂四年制国文科。1927 年夏毕业后，先后到香港和威海湾为英国军舰做“帮船”[①]，到潍县（今山东省潍坊市）英国人开办的烟草公司做季节性（秋季）兼职采购员和记账员。

1937 年，陶遵祐在村里建起 5 亩果园，陆续栽植苹果、梨、桃、杏、葡萄等果树，开始探索果树栽培与管理技术。

1956 年陶家夼光明高级农业合作社成立后，果园全部归集体所有，村成立果业队，由陶遵祐任技术员，带领果业队队员对全村的果树进行管理。同年，陶遵祐被山东农学院聘为名誉教授。1958 年，被渤海地区果树管理技术协会聘为副主任，并调至威海农学院任教（1962 年威海农学院解散后回村）。1960 年，被山东省农业科学院聘为农民研究员。1961 年，被聘为山东省自然科学专门学会会员。1964 年在首届渤海地区苹果整形修剪技术学习大会上，被推选为渤海地区苹果整形修剪研究会副主任，并被誉为果树修

① “帮船”：帮助英国军舰采购生活用品和买卖个人用品。

剪"十八把剪子"之一。

陶遵祜在果园察看苹果长势

"文化大革命"爆发后，陶遵祜遭受批判和迫害，被禁止进果园，1972年才被允许到果园参加劳动。1974年获得彻底平反后，陶遵祜拼命工作，白天到果园指导果业队队员进行果树管理，晚上伏案总结自己多年果树研究的经验教训，撰写果树研究论文。至1987年，先后独立撰写或与他人合写了《苹果综合管理经验口诀》《国光苹果树的修剪》《同根三干自然形——抗倒伏的矮化密植苹果新树形》《论苹果盛果期整形修剪的调整》等果树研究论文。

1987年11月26日，陶遵祜因病去世，享年78岁。

**身许果树研究** 1939年潍县烟草公司倒闭后，陶遵祜开始钻研果树栽培和管理技术，他托人从辽宁买回龚厥民的《果树园艺》，认真学习，并对照该书所记将栽植果树分类编号，在修剪、授粉、疏果、施肥、病虫害防治等方面，采用不同的方法，进行对比实验。经过两年多的精心研究，他栽植的果树果品产量和质量明显优于其他果农，赢得了村民们的赞扬和敬佩。初步的成功，坚定了他研究果树栽培与管理技术的信心，决心一辈子从事果树研究。

**致富带头人** 果树研究取得初步成功后，陶家夼村和周边十里八乡的果农纷纷向陶遵祜请教，他毫无保留地将自己掌握的果树栽培技术和经验传授给大家，使其他果农所种果品产量和质量有了很大提高，增加了收入。

1949年，威海卫市政府在东北采购一批果树良种，交给陶遵祜培育。陶遵祜组织村内十几户果农，用芽接法进行嫁接培育。第二年，培育的800余株树苗出园，供不应求，每株可卖到1.5千克小麦的价钱。至1953年，陶遵祜带领陶家夼村的果农共培育出10万多株果树苗木，大大增加了村民的收入。

1954年秋，陶家夼村成立第一个初级农业生产合作社——光明农业生产合作社，陶遵祜积极入社，与其他21户农户走共同发展的道路。1956年陶家夼光明高级农业合作社成立

陶遵祜（左四）在传授果树管理技术（1978 年）　　邹本东　摄

后，陶遵祜带领果业队队员对全村的果树进行管理，使陶家夼走上果业发展致富之路。

**果树密植丰产**　1930 年后，威海果树栽植一般是每亩 20 ～ 30 株。1938 年，陶遵祜打破这一传统，在陶家夼村南山 1.3 亩背坡梯田上栽植了 89 株小国光苹果。经过精心管理，1959 年，该果园实现亩产 11400 千克。陶家夼果树的密植高产，对威海果树栽培影响很大。1960 年后，果树栽植普遍向密植方向发展。①

**创立“主干疏散分层形”修剪技术**　1951 年后，陶遵祜在研究和借鉴其他果树技术人员的修剪技术和经验的基础上，经过探索和实践，创立了“主干疏散分层形”（简称“主干疏层形”）修剪技术。1960 年后，该修剪技术在威海市全市推广。主干疏层形修剪技术的特点是，严格按主干疏层形要求，吸取陈友三② 骨干枝架之所长，培养树体结构。在骨干枝上用先重后轻和先轻后重交替的修剪方法，培养大、中、小各类枝组，并充分利用辅养枝提早结果。主干疏层形修剪技术于 1960 年编入《中国果树栽培学》（农业出版社，1960 年），对全国果树生产产生较大影响。③

**完善“结果枝组”理论**　1963 年前，很多果树专家对培养背上结果枝组持否定态

① 参见威海市地方史志编纂委员会编:《威海市志》“农业·果业·高产果园·陶家夼密植高产园”部分，山东人民出版社，1986 年。

② 陈友三为威海市果树修剪技术代表人物之一。

③ 参见威海市地方史志编纂委员会编:《威海市志》“农业·果业·果树修剪·主干疏层形”部分，山东人民出版社，1986 年。

度，陶遵祜根据多年的实践发现，背上枝组可以结果，而且在骨干枝角度开张后会大量结果，是很好的结果部位。其培养的背上枝组，既能增加结果部位，防止结果外移，更新复壮骨干枝，又对稳定树势、防止衰老具有很好的促进作用。因此，他主张对幼龄果树的修剪，除有计划安排好各级骨干枝外，还要采用先重后轻、先低头后抬头、冬剪与夏剪相结合的修剪方法，注重对背上结果枝组的培养。由此，陶遵祜撰写了论文《论幼龄苹果结果枝组》，在果树界首次系统地阐述了枝组的类型、培养的过程和在树体结构中的重要意义。1963 年，该论文在山东省果树工作会议上宣读后被编入《山东省园艺学会论文集汇编》，轰动果业界。其后，他又撰写论文《苹果结果枝组的培养》，进一步深化、完善“结果枝组”理论。

**传授果树管理技术** 陶遵祜成为农民果树专家、北方果树修剪“十八把剪子”之一后，盛名之下，他没有保守自己的果树栽培和管理技术，独擅其利。而是耐心细致地指导陶家夼村果业队队员学习钻研果树栽培和管理技术，培养了一大批具有技术专长、能独当一面的果树技术人才，使陶家夼村成为远近闻名的果树技术中心，全国各地前往学习、取经的人络绎不绝。陶遵祜本人也多次应邀到各地讲课、指导，传授果树栽培和管理技术和经验。参见本志“社区经济・果业・闻名遐迩的‘苹果树’”。

## ◉ 峻青与陶家夼的情缘

**生平事略** 峻青，原名孙儒杰，字俊卿，1922 年 3 月出生，山东省海阳县人。当代

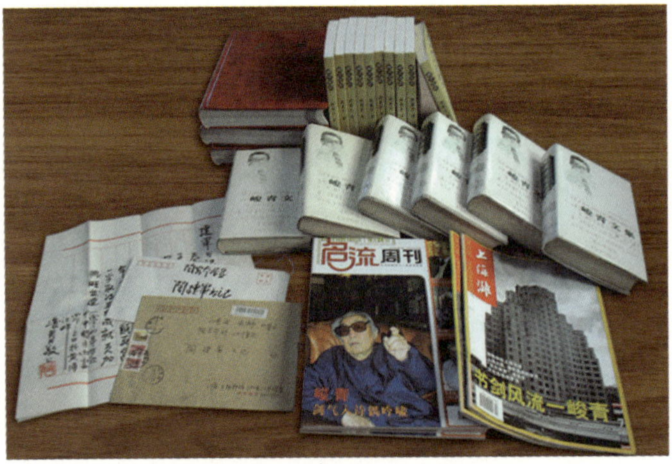


峻青与陶家夼社区的往来信件及其部分著作（2007 年） 柏荣春 摄

作家、画家，中共党员。峻青6岁入村塾读书，13岁做童工，1941年参加国民革命军第八路军，1946年加入中国共产党。历任胶东《大众报》记者，新华社前线分社随军记者，昌潍地区武工队小队长，《中原日报》编辑组组长，中南人民广播电台编委兼宣传科科长，中国作家协会上海分会副主席、代理党组书记，《文学报》主编，上海炎黄文化研究会副会长，炎黄书画院院长，中国作家协会第二、三、四届理事。主要作品有散文集《秋色赋》《欧行书简》《雄关赋》《沧海赋》，短篇小说集《马石山上》《黎明的河边》《胶东纪事》，长篇小说《海啸》，电影剧本《党员登记表》等。

**《秋色赋》创作始末** 1962年，胶东地区迎来丰收年。同年9月，峻青到胶东采访。他到陶家夼后，深入到村里村外、山上山下、村民家中，调查访谈。当他看到陶家夼果业尤其是葡萄丰收的景象后，喜不自禁，把丰收的景象和社员们爱国家、爱集体的高尚品质，连同在其他地方采访的材料，写就著名散文《秋色赋》。

**重返陶家夼** 陶家夼人一直没有忘记对陶家夼充满深情厚谊的峻青。2001年9月，陶家夼社区领导代表父老乡亲，盛情邀请峻青到陶家夼做客。

峻青应邀欣然重返陶家夼后，看到陶家夼由39年前一个只有89户村民的果业小山村，变成了一个拥有两千多人口、环境优美、生活便利的宜居社区，感慨万千，挥毫写下《大川吟》："三十九载觅旧梦，红叶染遍海边城。曾惊陶夼秋色美，更喜大川展新容。青山巍巍千楼立，碧水潺潺万户荣。舜尧遗风今犹在，雏凤清于老凤声。"抒发了他对陶家夼巨大变化的钦敬与喜悦之情。

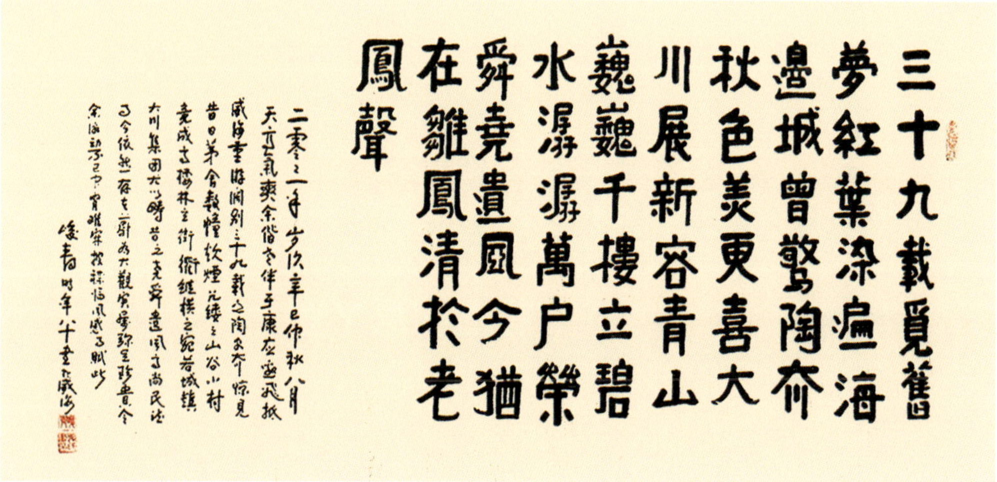


峻青题诗《大川吟》

峻青（左一）欣然接受陶家夼“荣誉村民”证书（2001 年）　　陶英杰　摄

峻青返回上海前，陶家夼社区举行了隆重的仪式，授予他陶家夼“荣誉村民”称号。峻青对此十分感动，也十分珍视，激动地说，这是陶家夼人民对他的最高赞誉和奖赏。

陶家夼人怀念峻青，珍视《秋色赋》的文化价值。2004 年 9 月至 2006 年 10 月，投资在野鸡夼建设了以“秋色赋”命名的艺术馆。

# 口述陶家夼

口述访谈选录了陶家夼各方面的代表人物，世纪老人见证陶家夼的沧海变迁，社区居民感受陶家夼的幸福之路，管理者用辛勤的汗水谱写着陶家夼的华丽篇章。

口述陶家夼通过对陶家夼代表性人物的采访，反映了陶家夼人幸福、和谐、美好的生活状态。

# 人居福地宜人居

## ——陶家夼社区居民访谈录

访谈时间：2017年5月27日

访谈人：《威海日报》记者　王玲

访谈对象：高振春、周建胜、于锡振

**访社区居民高振春**

王玲（以下简称“王”）：请问您在陶家夼社区住了多少年了？

高振春（以下简称“高”）：我原来在乳山化肥厂工作，20世纪90年代初跟着丈夫来到威海，在山东省建筑监理公司上班。当时一来到这里，单位就在陶家夼开发了住宅楼。当时听领导和同事说，陶家夼不仅在全国非常有名，还是一个特别适合居住的地方。就这样，我们一家就搬了过来，一住就是20多年。

王：20多年来，您觉得陶家夼社区最大的变化有哪些？

高振春（中）接受报社记者采访（2016 年）　　　　戚桂庆　摄

高：变化很大也很多。陶家夼分为河南和河北。我们住在河南，是小区最早的一批楼房。刚来的时候，河南有少量楼房，河北全是平房，村内只有一条主路，还是泥道，进出都不方便。为改善出行环境，村委班子和党员开始修路，把原来的土路拓宽，并且铺上了水泥，成为第一个村路和沥青大路相连的村。再后来，公交车也来了，成为威海市第一个通公交车的村。

居住环境的变化就更大了。大约是 1993 年，村委会决定对陶家夼旧村进行全面改造，优化村民的居住环境。村领导带头，村委班子特别有耐心，挨家挨户做工作，讲道理，说情况，和大家一起议论拆迁方案，每家每户自己选户型，一切都公开透明。到 2008 年年底，村民全部住上了配套齐全的新楼房。

我要点赞的另一个变化，就是社区的文化生活。我特别喜欢跳舞，孩子小的时候没时间跳。1994 年退休后，孩子考入大学，便重拾跳舞这一爱好。那时候，每天一吃完晚饭，就骑着自行车到市政府广场或者皇冠社区的广场上跳舞，一直盼着自己身边能有个广场。2010 年，陶家夼社区文化广场建成，还有专门跳舞的舞池。高兴之余，开始自发地教社区居民跳交谊舞，队伍发展到 40 多人。 现在，社区有门球队、腰鼓队、太极队等近 20 个文化队伍，居民们精神生活非常丰富。

在陶家夼居住，我感觉日子越来越有滋味，后来儿子结婚，问我在哪儿买房子。我就说："陶家夼环境好、生活方便、邻里和睦，咱就在这儿买。"

*访社区创业者周建胜*

王：和一些居民不同，您既是陶家夼社区的居民，又是这里的创业者。从居住方面看，您最认可的是什么？

周建胜（以下简称“周”）：我原来在威海卫酒业公司上班，2002 年在陶家夼购房。2011 年在别的地方买房后，开始自己创业。过了一年时间，觉得不管是居住还是创业，还是陶家夼最理想，便搬了回来。

我觉得，陶家夼社区的治安管理绝对是一流的。社区成立了社区警务办公室，按区域划分警务区，推选出区长和楼长，义务负责安全防范工作。在每个楼道张贴交通安全警示牌、信息小黑板，实行 24 小时保安巡逻执勤。在主要交通路口和要害部位设置监控点，建立了人防、物防、技防和心防相结合的治安防范网络，让大家特别安心。

再就是物业管理服务方面，陶家夼社区也做得特别好。从 1993 年开始在全市农村中率先建立专业物业管理队伍，将全村的水、电、房屋维修、环境保洁、绿化美化等工作全部纳入物业管理范畴，居民可以全天候享受周到快捷的服务。1999 年，陶家夼生活小区被评为“全国城市物业管理优秀住宅小区”，2002 年通过 ISO 9001 质量管理体系认证，物业管理规范。

社区的停车是我比较关注的。针对停车难，因地制宜开展楼宇空间绿化改造工程，增加 230 多个停车位。为保证居民生命财产安全，在社区发生应急情况时，车辆进的来，出的去，在重点部位设置救援车辆绿色通道，同时还设立 3 处应急避难救援场所。对社区的私家车建立车主档案，对客货柴油车和居民区实行分离停放。上述人性化服务管理社区的方式方法，都是通过政府指导、自管自治、探索孵化的社区物业管理服务新模式。

王：作为一名创业者，您觉得在陶家夼工作和生活有哪些好处?

周：作为创业者，重新回到陶家夼社区已经有 4 年多的时间，感受到了家的温暖。

周建胜（右）接受报社记者采访（2016 年） 戚桂庆 摄

公司仓库搬迁，社区工作人员为我们找地方，帮我们架线，什么工作都想在我们前面。

最让我感动的是，2014 年威海发生山火，大火离公司仓库很近。社区领导和居民到一线救火，不仅保住了陶家夼北山植被免遭毁坏，也保住了邻村北竹岛村西山林地，公司仓库也安然无恙。经历了这件事情后，我就更坚定了在陶家夼发展的决心。

**访退休干部于锡振**

王：您从环翠区公安局退休后，在陶家夼买房居住。威海有许多新建小区、高档小区，您为什么选择这里?

于锡振（以下简称“于”）：我原来住在公安局家属楼，退休后到陶家夼，就是觉得这里依山傍海、环境优美，非常适合居住。除了无可比拟的生态环境，陶家夼社区的服务管理也是可圈可点的，做到了“楼道内外无牛皮癣野广告，楼房外观无晾衣架、橱窗和外凸型防盗网，车辆无乱停乱放”。这些是很多小区做不到的。

按城市卫生管理的模式，社区率先将污水纳入到城市污水处理系统，并在山东省首家实行垃圾分类收集，卫生整日保洁。特别是垃圾分类，这很不容易做到。社区给每户居民提供了两种颜色的垃圾桶和垃圾袋，天不亮，就有人守在社区的大垃圾桶旁，督导居民分类投放，特别辛苦。经过一段时间的引导，现在垃圾分类变成了大家的习惯，连小孩子都参与其中。

再就是，在这里生活非常方便。楼下就是超市、饭店。家里来亲戚朋友，大伙不用做饭，到楼下订餐即可。为方便群众生活，社区先后建起了社区卫生服务站、粮店、菜市场、各式民俗酒店等 60 多处消费网点，就地安置了 300 多名社会下岗职工。

于锡振（右）接受报社记者采访（2017 年）　　戚桂庆　摄

王：您现在怎么安排自己的退休生活?

于：我早晨送外孙上学，然后去上班，下午休息、健身。现在居民健康养生的愿望越来越强，社区根据中老年居民的健身需求，同时考虑青少年的运动追求，投资 60 多万元建设了封闭式门球场和两处篮球场，使不同年龄段的居民都能找到适合自己的健身场所。为了方便广大居民亲近大自然，将护林防火通道拓宽硬化改造为长 5000 米的 1 小时生态健身步道，利用原采石场绿化改建为综合健身基地，利用城市老小区改造淘汰的废旧砖建设了长 3000 米的“长城”景观长廊。

社区还建设了文体活动中心、老年人之家、党员活动室、青年妇女之家、阅报栏等一批文体设施，组建了社区艺术团。平时社区有什么活动，都通知我们参加。

在社区文化活动广场上，一年四季都活跃着老、中、青健身队伍，尤其是每年夏季历时三个月的纳凉晚会，不仅为居民提供了一展身手的舞台，更提高了居民的生活情趣，形成了独特的社区文化。创建“文明楼”“文明单位”“特色家庭”等活动也特别好，增强邻里团结，营造了社区和谐氛围。

## 世纪见证

### ——访长寿老人苗志玉、黄秀连

过去，“人过七十古来稀”；现在，人活百岁不是梦。

采访的路上，我一直在想象着即将见到的老人会是什么样子，该如何与她们沟通。根据经验，老人或许会因为听力、视力的退化，沟通比较困难，是否能唤起她们往日的回忆，记录她们曾经对陶家夼的见证。

进入五月的陶家夼，斑驳的树影，干净整洁的公路，景色如画。驱车来到 99 岁的苗志玉和 98 岁的黄秀连两位老人家中，出乎我的意料，两位老人精神都非常好，思路清晰，虽然听力略有不足，但并不影响沟通。两位老人热情地招呼，让我没有陌生感。老人总是乐呵呵的，整洁的家中丝毫看不出 90 多岁高龄老人居住的痕迹。

曾经在香港呆过多年的苗志玉老人，在家人介绍完我们到访的目的后，老人和蔼亲切地唤我一声“你好，林小姐”，点头示意，随后又逐一向同行的其他人问好，“你好，先生”。老人腿脚还算硬朗，除耳朵有些背之外，头发没有全白，穿着小碎花衬衣，看上去也就七八十岁的样子。

黄秀连老人今年98岁，饱满的神情让人很难与她的年龄画上等号。在与记者交流时，老人说得最多的话，是“感谢”。她告诉记者，自己打一天牌，腰都不会痛，而且时常会和儿媳妇到社区广场看节目，感受现在的好生活。

访长寿老人苗志玉

访谈时间：2017年5月25日

访谈人：《齐鲁晚报》记者　林丹丹

访谈对象：苗志玉

林丹丹（以下简称“林”）：苗奶奶，您好，您记得刚到陶家夼的时候，村子是什么样子吗?

苗奶奶（以下简称“苗”）：我是1919年生人，24岁的时候嫁到陶家夼，应该是1943年。当时的陶家夼是个小夼，夼里的房子很小，再看看现在的建设，到处都是大高楼。

林：您当时嫁到陶家夼，住的是什么样的房子?

苗：我当时嫁到陶家夼后，住的是八间小房儿，都是破草房，村子里几乎没有瓦房，有瓦房也是地主财主家的。

林：您刚才说当时陶家夼特别小，小到什么程度?

苗：记得那时候，陶家夼分上下两个疃，我住在上疃，上疃一共10户人家。村里上下疃的人家差不多离得有一里地（即500米）。每个村多数都是一个姓，姓陶，大家

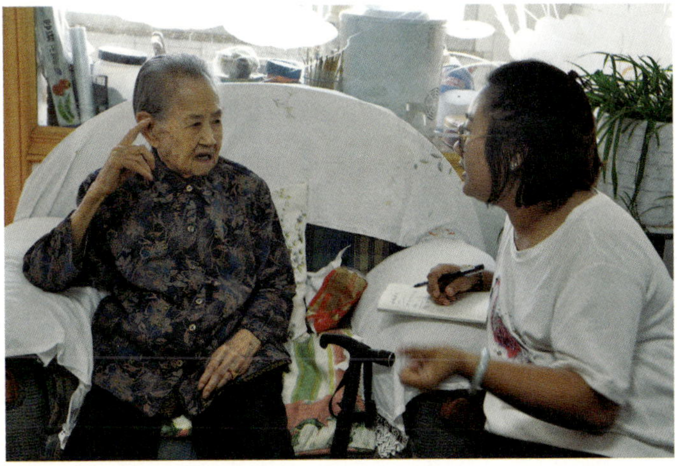

苗志玉（左）老人接受报社记者采访（2017年）　　　戚桂庆　摄

都互相认识，上疃的人好多都是给人家看山看地。1949 年，村大概共有 70 户人家。

林：您刚嫁到陶家夼时，家里都以什么为生?

苗：到这后，我的男人（丈夫）有三亩地，自己在家种地，全家靠此为生。地里收获什么粮食就吃什么粮食。我从早到晚在家绣花，每天从早上干到晚上 10 点多，几乎都是带灯绣花。

林：苗奶奶，听说您在香港居住过一段时间，从香港回来，您发现陶家夼的变化有哪些?

苗：陶家夼有很大的变化，我到香港后，每年回家看看，家里真好，每次回家就不想再回去。1945 年，老头子（丈夫）都因生活所迫到香港谋生,80 岁的时候在香港去世。我是 1980 年，62 岁的时候去的香港。期间回家看看，发现变化很大。2003 年，85 岁的时候彻底回家了。我的儿女都在家，想家，有牵挂。回家后发现最大的变化就是，村子里都盖了楼，当时我在上疃的房子也拆迁盖了新楼。再就是吃的方面，以前总吃粑粑、地瓜，记得大闺女刚生人（生孩子）的时候，1944 年，家里穷的，坐月子时连个鸡蛋都没有，还是到别人家借了两个鸡蛋。之后每年从香港回来，家里吃得越来越好，从来不敢想现在每顿饭都能有白面、大米。家里清亮（方言“干净”），住得也好，现在住的房子为 87 平方米，每次回家都不想再回香港了。

林：苗奶奶，从您 2003 年搬回陶家夼，什么事情让您印象深刻，觉得生活越来越好?

苗：回来后退休钱每年都涨。1980 年后每年领 40 元，挺欢气（方言“高兴”）的，在那时候也不算少。2003 年回来后，每年大队给我 4000 元左右，每年都涨。现在每个月的 15 日都能领到 1300 多元，儿子领回家给我，虽然用不完，但很欢气。每逢过节，村里都发东西。今年端午节，村里发的米、面、牛奶、鸡蛋等八样，都是好吃的东西。村里还有个规矩，是活到 100 岁，村里给一万，涨一岁再涨一万，擎着活（方言“使劲活”）。

林：苗奶奶，请您谈谈您的长寿秘诀好吗?

苗：我这个老婆儿不生气，儿子、闺女、媳妇、孙子，家里人都孝顺，心态好。吃东西乐意吃粗粮，么（什么）都吃，能吃玉米面不吃细面。

访长寿老人黄秀连

访谈时间：2017 年 5 月 26 日

访谈人：林丹丹

访谈对象：黄秀连

林：黄奶奶，您来陶家夼多少年了？

黄奶奶（以下简称“黄”）：我是 1941 年嫁到陶家夼的，当时 21 岁，现在在陶家夼住了快 80 年了。

林：请您讲讲改革开放后陶家夼的变化好吗？

黄：过去，村民们都住小平房，下雨需要拿着盆在屋里接水，那时屋外大雨，屋里小雨。后来拆迁改造，家家户户都住上了高楼。还有以前村里都是泥土路，一下雨后没法走，现在都修柏油（沥青）路，宽敞、亮堂。以前，穿不好、吃不好，有句话是：“饭都在山上，都上山摘野菜吃，吃糠咽菜的。”现在成天（每天）吃的都是过年饭，我每天早点都有海参、鸡蛋、鲜奶，这以前哪儿敢想啊。

林：改革开放后，陶家夼发生的什么事情让您感受最深？

黄：最深的还是，过去穷山沟，现在家家户户住高楼大厦。当时从小平房搬进大高楼，那是真敞亮啊，非常高兴。还有国家对老年人越来越重视，村里也对老年人特别关心，重阳节发各种福利，还发放劳保金，从几十元涨到现在几千元，一点不愁花。陶家

黄秀连（中）老人接受报社记者采访（2017 年）　　戚桂庆　摄

夼也越来越文明了，很多老封建、老习惯都被移除了。

林：黄奶奶，请您谈一下您的长寿秘诀？

黄：现在社会好了、生活好了，儿孙也孝顺，什么都不用操心，心态特别好，不会生气，儿女每个周末回来一次陪我，我就开心。三餐吃的有营养也均衡，也不挑食，蔬菜、水果什么都吃。我今年 98 了，身体还特别结实，最重要的就是心态好，每天都开心。

## 责任物业贴心为社区居民服务
### ——访社区物业的管理者刘洪刚

**访谈时间：2017 年 9 月 26 日**

**访谈人：于海龙**

**访谈对象：刘洪刚**

于海龙（以下简称“于”）：刘经理，陶家夼社区作为全国城市物业管理优秀住宅小区，值得我们自豪，能够获得这么大的荣誉，与精细的物业管理是分不开的，您在社区物业工作多年，请您谈谈社区物业的一些情况和近年来又获得了哪些荣誉？

刘洪刚（以下简称“刘”）：社区物业成立较早，先后加入了全国物业管理协会和地方的物业管理协会，这在当时很具有超前意识。成立之初就买了垃圾车，垃圾开始外运。目前，物业已成立了绿化组、工程组、卫生保洁组，服务人员近 30 人，承担辖区 20 多万

刘洪刚（左）在接受采访（2017 年）　　王雪燕　摄

平方米住宅小区，垃圾实行了城乡环卫一体化，由区环卫局统一外运。同时物业又积极带动社区网格单元长、社区志愿者，每年在社区内举行拔草、植树、清雪、环境大清扫等活动，凝聚社区的人心。2013年，物业服务中心获得“威海市物业管理先进单位”。2015年，获得威海市委、市政府联合授予的“创建全国文明城市工作先进单位”。

于：作为物业负责人，好的物业必须有好的为民服务措施，请您谈谈公司是如何贴心为居民服务的？

刘：随着生活水平的提升，居民对物业服务的需求也慢慢上升，由于物业的基础不错，更重要的是用真心换群众的真心，现在我们都按照封闭小区的标准来服务管理，制定了《保安人员管理制度》《便民维修服务承诺制度》《社区楼道管理机制》等严格的为民服务规章，只要居民一个电话，维修服务人员会及时上门维修，及时维修率百分之百；另外，还把居民日常难事作为头等大事来解决，封闭小区的车位要十多万元，物业人员把杂草区平整后铺上彩砖，就成了免费停车场。近几年，共增设停车场4处，增加车位200多个，同时又整修了后花园健身公园，为居民提供更加方便的休闲健身场地；再比如收取物业费最早是一季度一收，考虑到方便居民，改为年终一次性收取，既节约了大家的时间，也节省了人力物力；还设立了警务室，24小时监控小区内的情况，20多年来社区没有发生过刑事案件。

于：物业中心是如何进一步改进小区的物业管理，使居民生活更便利更舒适？

刘：首先是随着城市先进小区的成长，开放小区的优势减少，我们严格按照管理制度完善对居民的服务。然后与社区“两委”多沟通，推进社区物业建设更好地发展。再就是按照协会的要求，加强知识储备，比如在软件建设上，购买收费管理的软件，更好地服务群众，采用智能化的形式，方便社区居民。垃圾分类工作开展得比较早，居民有这方面的意识，现在，社区被环翠区环卫局列为垃圾分类试点单位，物业中心将通过增加资金投入、加大指导力度，进一步提高大家的认识，加强与居民的沟通，为民办实事。

省 级
文明单位
山东省精神文明建设委员会
省 级
文明村镇
山东省精神文明建设委员会
山东省物业管理
优秀住宅小区
山东省建设委员会
一九九八年
安全文明小区
山东省社会治安综合治理委员会
一九九九年一月
“美在家庭”活动
示范村
山东省“五好文明家庭”
创建活动协调小组
二〇〇一年四月
全省治保工作
先进单位
山东省公安厅
二〇〇二年十一月
山 东 省
社区建设示范社区
山东省民政厅
二〇〇三年一月
省级卫生村
山东省爱国卫生运动委员会
二〇〇五年一月
山东省和谐社区建设
示范社区
山东省社区工作领导小组
二〇〇六年七月
山东省绿化示范村
山东省绿化委员会 山东省林业局
二〇〇六年十二月
省 级
绿色社区
山东省精神文明建设委员会办公室
山东省环境保护厅
二〇〇九年十一月
全省关心下一代工作
先进集体
山东省关心下一代工作委员会
山东省精神文明建设委员会办公室
二〇一二年九月


陶家夼所获省级荣誉

# 大事纪略

陶家夼社区发展历经风雨，那些平凡中不平凡的往事，历历在目、记忆犹新，对建设新型社区具有现实而深远的意义。

## ◉ 1938 年日军飞机轰炸陶家夼

1938 年 7 月的一天，侵华日军 3 架飞机突然飞临陶家夼村上空，投下 9 枚炸弹，炸死 1 人，炸毁房屋 9 间、果园中的房屋 4 间，炸死猪 1 头，炸断大枣树 1 株。

村民们后来才得知，是日军误炸了陶家夼。原来，日军得到情报，竹园西村有八路军，于是就派飞机前去轰炸。由于陶家夼村在竹岛村西面，飞行员将其误认为是竹园西村，导致惨剧的发生。

## ◉ 农业合作生产

土地改革后，陶家夼村部分农户因无劳动力和经济困难，无力耕种土地，便将土地转卖或转租给其他农户。为避免农村新的贫富两极分化，1952 年，在政府的引导下，以自愿为原则，76 户农户分别以犋组、帮工组、互助组的形式成立了 8 个互助组织。1954 年秋，在互助组的基础上，22 户农户以土地入股，成立陶家夼村第一个初级农业生产合作社——光明农业生产

社员用小推车往田间运送肥料

社员在田间收割麦子（1977 年）

合作社，入社土地 118.41 亩、果园 23.88 亩、山坡林地 94.59 亩。合作社实行统一经营、集体劳动，设社长、会计、出纳员管理生产和财务收支，年终净收入扣除公共积累后，按“地三劳七”比例分配。1955 年秋，陶家夼村又成立两个初级农业生产合作社，习称“西社”和“北社”，入社农户 47 户。至此，全村成立了 3 个农业生产合作社，入社户数 69 户，占全村总户数的 85%。

1956 年 1 月，光明社、西社、北社 3 个农业生产合作社合并成立高级农业生产合作社——光明高级农业生产合作社，全村 82 户全部入社。高级社成立后，社员的土地全部归合作社集体所有，社员参加合作社集体生产劳动，合作社根据劳力强弱、技术高低评定出社员的日劳动基础工分，按其出勤情况记录工分，年终按工分分配收入。

1958 年 9 月，受“一大二公”“一平二调”的影响，陶家夼的土地和生产资料全部归城厢人民公社所有。公社根据土地位置将陶家夼村、北竹岛村、南竹岛村的插花地重新划界归属。1961 年，根据中共中央《农村人民公社工作条例（修正草案）》的规定，人民公社管理体制下放，实行公社、生产大队、生产队三级所有，队为基础，以生产队为基本核算单位的生产管理体制。1965 年，为缩小因劳动力多少导致的分配差距，陶家夼村开始实行“二八”分配制。1969 年，取消以生产队为基本核算单位，实行生产大队核算。1979 年，“二八”分配制取消。1984 年，陶家夼农业生产大队取消，农业合作生产结束。

## ◉ 清清渠水绕山转

陶家夼地处里口山山脉东麓，粮田和果园主要分布在半山坡上，虽然有陶家夼河和

修建大口井——青年井（1956 年）

“绕山转”的陶家夼农田水渠

懒汉市泉、马铺泉等常年有水的河流、山泉，但在 20 世纪 20 年代前，这些河水和山泉水大都自然流淌，很少被拦蓄下来，用于灌溉粮田。

20 年代，山神庙河边种植草莓的农户，在河中用土石修筑一个小水坝——山神庙水坝，在河边挖了两条通往草莓地的小水渠，拦截河水，自流灌溉草莓地。

1956 年光明高级农业生产合作社成立后，于是年冬天在北山修建水库，次年春建成可蓄水 1500 立方米的北山水库。同时，在北夼戚家坡下的河边建成一眼 10 米 ×8 米的方形大口井——青年井。1958 年，在北夼小岭南修建可蓄水 2000 立方米的北夼水库，并配套修建长 1 千米的北夼水库至西沟的水渠。1961—1962 年，先后在南夼马铺和大坟凉水湾处用水泥、石块砌成两个长 6 米、宽 2 米、高 3 米的小型拦水坝，并配套修建长 1 千米的马铺水坝至大坟北山的水渠，长 1.5 千米的凉水湾水坝至东山的水渠。1964 年，修建长 1 千米的山神庙水坝至疃后的水渠。

1965 年 12 月，在“四清”工作组的主持下，邀请威海市“四清”工作团的水利技术员到陶家夼，在南夼设计修建水库，次年 5 月汛期到来前，建成设计库容为 5 万立方米的丰收水库。水库修建完成后，配套修建长 2 千米的丰收水库至北夼水库的水渠。修建水库时，没有施工机械，全靠人力劳作，人工刨土、推泥、打夯，十分艰苦劳累，但社员们干劲十足，每天从早晨 7 点干到晚上 9 点，中午饭都在工地吃。青年们更是热情高涨，坝基抽水昼夜不停，需留两三名人员值夜班照看抽水，他们不计报酬，争着值夜班，甚至有时会有十几名青年同时留在工地值班。为赶工期，威海市“四清”工作团还组织机关、学校、部队及企事业单位的人员到工地参加劳动。据不完全统计，1966 年春节后至水库建成时，每天都有 100 多人在工地参加劳动。

1967—1971 年，陶家夼先后在有地表水源的地方，即陶家夼河下游、牛头山东坡南山泉处、山神庙河与陶家夼河交汇处、四方路 133 号楼附近、保利红叶谷住宅小区北及小区西北，开挖修筑了 6 座方塘，共计可蓄水 1000 立方米。

这些水利设施建成后，清清渠水绕山转，浇灌着山坡上的粮田和果园，水渠浇灌不到的地块，由水泵提水灌溉，陶家夼粮田的水浇地面积达到 200 余亩，占总粮田的 91%。

## ◉ 山坡呈现“大寨田”

陶家夼村地处山区，全村 200 余亩粮田大都分布在村落周围的山坡上，地块小，坡度大，水土流失严重，有机质含量很低。1956 年农业合作化前，由于土地私有，一家一户力量单薄，土地改造和土壤改良有心无力，再加上落后的耕作方式，每年夏、秋两季亩产仅 100 余千克。

1956 年 1 月陶家夼光明高级农业生产合作社成立后，土地全部归集体所有，村里开始依靠集体的力量对不易犁耕的小块山坡地进行人工深刨、平整。1958 年“大跃进”时，陶家夼响应上级号召，对耕地进行深翻改造，结果打乱了生、熟土层，影响了农作物的生长。1964 年，陶家夼学习山东省黄县（今山东省龙口市）下丁家大队的整地经验，对耕地进行改造，先将表层的熟土铲出堆放到一边，然后对生土层进行深翻整平，再将熟土覆盖到生土层上，不打乱生、熟土层，取得很好的效果。1966 年，在学习下丁家大队

1975 年冬，陶家夼村社员利用冬闲时间在村西山坡整修“大寨田”

1976 年，陶家夼村的“大寨田”

社员收运丰收的苹果

社员外运丰收的葡萄

经验的基础上，又学习山西省昔阳县大寨大队的经验，对山坡地进行梯田化改造，将山坡零星地块连片平整成向内倾斜 0.5° 的“外噘嘴，里流水”的“大寨田”，以便机械化耕作。每年冬季和初春农闲时，生产队组织社员上山整地改土，由于当时没有施工机械，几乎都是采用“锨铲镢刨，肩挑车推”的人海战术。整地时，先按下丁家大队的经验将表层的熟土铲出堆放到一边，然后按大寨大队的经验对生土层进行深翻平整，将零散的地块连片平整为大块平地，再将熟土覆盖到生土层上；对黏土较重的地块铺施磷化土等，对沙土较重的地块铺施黏土；用石头砌筑陡堰，堰下挖好排水沟；同时在地块间筑好田间道路，使所有地块都能通行畜力车和拖拉机。至 80 年代，全村所有的土地都翻整了一遍。全村整地改土共用工 17.7 万个，搬运土石 10 万立方米，整修“大寨田”210 余亩，山坡地全部实现梯田化，祖祖辈辈耕种的山墕薄地变成了高标准的良田。由于有了良好的土地基础，加上肥料、水利设施、种子等条件的改善，陶家夼的粮食产量保持稳产、高产，粮食亩产达到 600 多千克。

## ◉ 1961 年拍摄纪录片《山村新貌》

20 世纪 50 年代至 60 年代，陶家夼村大面积栽植果树，使集体经济逐年壮大，农民生活水平不断提高，文化、教育、卫生等项社会事业不断发展。1961 年 6 月，陶家夼村获得“全国教育和文化、卫生、体育、新闻方面社会主义建设先进单位”荣誉称号。

1961 年 8 月，山东电影制片厂到陶家夼村拍摄反映社会主义新农村建设的纪录片——《山村新貌》。

摄制组到陶家夼时，正值苹果、葡萄喜获丰收的季节。山上，果园里果实累累，挂满枝头；村里，大街小巷葡萄串串，缀满村庄；村前，小河两岸的葡萄藤在河床上攀成一条绿色的长廊；姑娘们在潺潺河水旁浣洗衣裳，妇女们坐在庭院的葡萄架下做针线活，儿童们在幼儿园里玩乐、唱歌，学校里朗朗的读书声随风阵阵飘荡。山上的果园里，一片繁忙景象，果农们在喜摘丰收的果实；通往村里的山路上，一队队姑娘和小伙子们肩挑手推着一筐筐苹果向村里场院赶去；场院里，妇女们围着堆成小山的苹果分拣包装；通往村外的公路上，一辆辆马车满载着包装好的苹果、葡萄运往市区的果库。此情此景，全都被摄制组的镜头记录入镜头中。

纪录片《山村新貌》整个拍摄过程近一个月，时长近 20 分钟。是年 9 月 26 日，该片首次在陶家夼村放映。当天，村民奔走相告，傍晚太阳还未落山，孩子们放了学便早早跑到放映场等候。晚上，村民们匆匆吃完饭，走出家门，从四面八方涌向放映场，放映场两旁的院墙上都坐满了人，周边村庄的村民也闻讯赶来观看影片，观众达七八百人。

## ◉ 1973 年山村有了电影放映机

1973 年前，陶家夼村社员看电影，要么等威海市电影放映队巡回放映至本村或临近村时观看，要么到城里的电影院购票观看。

1973 年夏，陶家夼生产大队为满足社员看电影的需求，丰富社员的文化娱乐生活，

村民通过电影放映机观看影片《地道战》　　李强　绘

选派陶遵喜、王玉辉两名社员到烟台学习电影放映技术后，购置一部 8.75 毫米的电影放映机，到威海市电影放映队借片或租片，每周在村内的开阔场地免费为社员露天放映 1 ~ 3 场电影。1981 年和 1982 年，为适应电影胶片的变化，先后又购置 16 毫米、32 毫米电影放映机各一部。80 年代中期后，随着电视机的普及，电影放映逐渐减少。1990 年后，村内不再自己放映电影。

当时放映的影片有新发行的影片和《地雷战》《地道战》《南征北战》《英雄儿女》《打击侵略者》《渡江侦察记》等传统影片。

每到放电影时，不但本村男女老少呼朋唤友早早地到电影场地观看，周边村的村民也成群结队地前往观看，观众多达七八百人。有的观众因为没有占到好地方，甚至爬到周围的草垛或院墙上观看，有的不得不在背面看“反片”。

## ◉ 20 世纪 70 年代村民住上“大寨楼”

1976—1977 年，陶家夼村在村西黄家茔（今四方路 110 号附近）建起 1 排 10 户连体的二层“大寨楼”，分配给 10 户社员居住。

1978 年 11 月，威海市革命委员会基本建设委员会为陶家夼村制定新村房屋建设规划，规划建设 16 排 10 户连体二层“大寨楼”，供 160 户社员居住。按照规划，经人民公社批准，陶家夼村在第一排“大寨楼”后（北面）开工建设“大寨楼”。至 1980 年，建成 2 排“大寨楼”，安排 20 户社员入住。1980 年后，未再按照规划建设“大寨楼”。

陶家夼村的“大寨楼”

1997 年住房拆迁改造时，“大寨楼”被拆除。

“大寨楼”每户独门独院，上下两层，建筑面积 74 平方米。一层的阳面房间是会客室兼餐厅，阴面是厨房，套间为起居室，设有火炕，炕下有地瓜窖。院子西边有室外楼梯连接二层阳台，楼梯下的空间设厕所、猪圈、鸡舍和小仓库。院中建有沼气池，有的社员在院内搭葡萄架栽植葡萄。二层室外是 1 米多宽的露天阳台，进门是会客室，会客室旁有 2 个套间，均为起居室，设火炕或安放床。楼梯及阳台可用于晒粮、晾衣、纳凉。

“大寨楼”整齐美观、宽敞明亮，成为当时村中一道靓丽的风景。分到“大寨楼”的社员个个喜笑颜开，户户欢天喜地。

乔迁之时，乔迁户们燃放鞭炮，张贴喜联，设宴席、包饺子，邀请亲朋好友开怀畅饮，共享乔迁之喜。

## ◉ 新鲜蔬菜供城区

1978 年，为满足威海市区居民的蔬菜供应，威海市蔬菜公司决定在距离市区较近且水源条件较好的陶家夼村建设 30 亩蔬菜基地，由陶家夼村组建 18 人的菜园队，根据蔬菜公司下达的供应任务，种植韭菜、萝卜、白菜、豆角、茭瓜、黄瓜、番茄等 20 余种大路菜。蔬菜基地采用地膜覆盖、建简易蔬菜大棚等技术，调整蔬菜上市季节，满足供应需求。

1982 年 1 月，为形成竞争机制，蔬菜基地分为南、北两个园，菜园队也相应分为两个队，独立核算，提高了社员的积极性，使蔬菜质量和产量都有较大的提高。1986 年 1 月，因为外地大棚蔬菜大量涌入威海蔬菜市场，蔬菜公司对基地供应量要求减少，菜园队收益下降，菜园队解散，蔬菜基地转给个人承包经营。1995 年，因规划用地，蔬菜基地撤销。1978—1985 年，蔬菜基地年均向蔬菜公司供应各类蔬菜 15 万千克以上，菜园队年均总收入约 5 万元。

## ◉ 1994 年“洋居民”安家陶家夼

1994 年夏，韩国商人牟德才经多次调查访问后，到陶家夼村购房居住，并办理了临时户口，成为陶家夼村第一个外国籍居民。此后，因陶家夼村环境优美、秩序良好，是威海市著名的花园小区、安全小区、文明村，相继吸引了二三十户“洋居民”到此安家居住。

## ◉ 1996 年山村通进公交车

1996 年前，村内街道均为土石路，且只有四方路一条路能直接连通市区公路，居民出行不便，并且影响社区发展。面对这种状况，村党支部和村委会研究决定，在硬化改造村内街道的前提下，向威海市交通主管部门申请在陶家夼设公交站点，让公交车通进村里，解决出行不便的问题。

由于当时威海市区公交车总量很少，城市主干道自身都难以满足需求，故申请迟迟未获批准。为使村里早日通上公交车，村干部们不厌其烦地反复到有关部门做沟通、协商、说服工作，最终交通主管部门决定：由陶家夼村出资 48 万元，将 5 路公交线路延伸至陶家夼村，设大川东和大川西两个公交车站点。

1996 年 10 月 18 日，举行 5 路公交车进村通车典礼，陶家夼村男女老少早早就聚集在村口，脸上洋溢着喜悦，眼里满含着期待，紧紧地盯着公交车驶来的方向。当 5 路公交车披红挂彩出现在人们的视野中时，人们纷纷向公交车涌去，跟随着公交车缓缓开向大川西站点（通车典礼现场）。主持人宣布通车典礼开始的话音刚落，顿时鞭炮齐鸣、锣鼓喧天、人声沸腾。剪彩刚一结束，村民们就争先恐后地涌进公交车，争着乘坐第一趟公交车。公交车进村后，村民出行便利了，同时也促进了房地产业发展。

## ◉ 2005 年寻根问祖到凤阳

2005 年 10 月 10 日，《陶家夼志》编纂委员会成员陶英杰、陶遵莱、陶遵仿、陶俊蒲、陶遵凤等一行 8 人，根据《威海市志》的记载和威海陶氏族人的代代相传，到安徽省凤阳县三里桥村寻根问祖。

在凤阳县，编委会成员通过凤阳县史志办公室的帮助，联系到凤阳县人陶东阳，经过交谈得知，他们应该是同根同祖，但说起三里桥村，陶东阳也不知道这个村。无奈，他们根据凤阳县地图和他人的介绍，先后到凤阳县红心镇三里、大谢庄，定远县练铺乡寻

2005 年 10 月 10 日，寻根问祖调查组与陶东阳（左三）在安徽省凤阳县皇城遗址交谈（2005 年） 戚喜东 摄

访，均没有找到祖居为三里桥村的人。一时断了线索，但很快陶东阳传来消息，说三里桥村找到了。陶东阳介绍，经过询问自己的父亲得知，陶东阳就是三里桥村人，后因 1970 年三里桥村修建霸王城电灌站二级站，整个村搬迁，所以陶东阳不知道三里桥村在何处。

据《凤阳县志》① 记载："霸王城电灌站，位于淮河南岸，李二庄乡境内，1970 年 11 月动工兴建。一级站建于淮河边的霸王城，二级站建在三里桥南岸……"这个"三里桥"就是威海陶氏要寻找的祖居地——三里桥村。

经过两天的寻访，陶英杰等一行人终于找到了威海陶氏的祖居地。

## ◉ 2005 年抗击暴风雪

2005 年 12 月 3—22 日，威海市环翠区遭遇 200 年一遇的强暴风雪袭击，连续 5 次罕见的强暴风雪，降水量高达 143 毫米，最大雪深 2.5 米，降雪持续时间、降水量、积雪深度均创 1959 年有气象记录后的最高纪录。受暴风雪影响，海、陆交通数次中断，320 余辆车辆、500 余名群众被困；大部分公交线路被迫调整，数万名市民步行上下班；中、小学校和幼儿园数次停课。

灾情发生后，陶家夼社区"两委"按照上级指示要求，及时安排部署清雪工作和

① 凤阳县地方志编纂委员会编：《凤阳县志》，方志出版社，1999 年。

2005 年 12 月，社区居民在清扫积雪　　　　　　　　肖伟　摄

安全隐患排查工作，避免、减少雪灾造成的损失。将清雪任务分片包干，分解落实到人，按照“雪情就是命令，雪停即清”的要求，由“两委”干部负责组织带领社区的职工、居民清理街道、过境路等公共区域的积雪，各单位、居民楼负责清理本区域内的积雪，每天晚上召开一次“两委”干部和单位负责人“碰头会”，总结当天的清雪和安全隐患排查情况。在“两委”的正确组织领导下，全社区居民万众一心，众志成城，齐心协力，成功地战胜了百年不遇的暴风雪，未产生较大的财产损失。据不完全统计，在抗击暴风雪的过程中，全社区累计有 5000 多人次参加清雪，出动各类清雪车辆 70 余辆次，涌现出许多感人事迹。

## ◉ 竹林公墓安先人

2007 年前，陶家夼公墓（时称“团结大茔地”）无人管理，坟墓散乱，大小、高低不一。2007 年，根据威海市政府“青山行动”要求，陶家夼社区决定在团结大茔地重新规划建设新公墓，将原来无序乱葬的墓地通过植树造林、栽植草坪、统一制作卧式墓碑等方式，建设成生态环保集中型公益性墓地。经过 1800 多人次公益劳动，2008 年，竹林公墓建成，并将原来散落在四周山体的零散坟墓全部迁移到此。

竹林公墓依山面水，环境幽雅。整个墓区占地约 4000 平方米，周围环植翠竹、松柏、冬青、樱花等绿化苗木；内栽植松柏，松柏下植万年青草坪，墓穴统一规格，墓碑

陶建军（右一）参加 2008 年北京奥运会火炬传递（2008 年）肖伟 摄

统一设计为济南青大理石卧碑；公墓前建占地 100 余平方米的广场，设置供祭祀用的香炉等器物。社区安排 2 名专职人员负责公墓管理，倡导居民“擦拭墓碑，摆放鲜花，肃立鞠躬”，文明祭祀。

## ◉ 2008 年陶建军参加奥运火炬传递

2008 年，陶家夼社区居委会党委书记、主任陶建军当选为 2008 年北京奥运会火炬传递手。7 月 21 日，陶建军到山东省青岛市参加火炬传递，当手中的第 208 棒祥云火炬被圣火点燃后，他高举火炬，奋力地向着“更快、更高、更强”的目标冲刺。

## ◉ 众志成城灭山火

1999 年 5 月 26 日 12 时 30 分，陶家夼村小茅旺山岚突然发生山火，火势迅速蔓延，吞噬着山林。接到火灾警报后，村党支部和村委会成员立即组织带领村综合治理办公室、建筑公司、包装装潢公司等单位 120 多名救火人员，调动 10 余辆机动车赶赴火场，陶家夼所属的竹岛街道办事处的领导、林业警察和威海市消防队也迅速赶到火场救火。经过 3 个多小时的奋力扑救，终于将明火扑灭。由于余烬未得到及时清除，是日 17 时和次日 6 时，发生两次余烬复燃，被留守人员发现后及时扑灭，未再造成大的损失。据不完全统计，共有 460 多人次参加了这次灭火。

2014 年 5 月 29 日 15 时许，威海市里口山区域发生山火，由于天气干燥、风力较大，山火蔓延迅速，火线长度一度达到 7000 米。火灾发生后，威海市各级政府部门立即启动森林火灾紧急处置预案，组织协调各种力量参与灭火。至 6 月 1 日上午 11 时 5 分，所有着火点全部被扑灭。陶家夼社区接到火灾警报后，迅速组织灭火队赶赴火灾现场参与灭火，同时组织人员携带防火、灭火器械到社区周边瞭望警戒。当山火蔓延临近陶家夼林区后，居委会立即组织人员将火场附近居民疏散撤离到安全区域，将秋色赋艺术馆的物品搬运至安全区域，以防造成重大人员伤亡和财产损失。据不完全统计，陶家夼的南夼、北夼林区大部分过火，林区内的松树多数被烧毁，社区内干部、职工、居民 2000 多人次参与灭火抢险活动。

# ◉ 主要参考文献


1. 威海市地方史志编纂委员会编：《威海市志》，山东人民出版社，1986 年 1 月。

2.《陶家夼志》编纂委员会编：《陶家夼志》，中国出版社，2007 年 10 月。

3. 威海市环翠区地方史志编纂委员会编：《环翠区志（1983 ~ 2002）》，中华书局，2007 年 12 月。

4. 中共威海市环翠区委党史资料征集研究委员会、威海市环翠区地方史志办公室编：《走进环翠》，山东省地图出版社，2013 年 6 月。

5. 中共威海市环翠区委党史资料征集研究委员会、威海市环翠区地方史志办公室编：《环翠区大事记（1993—2013）》，中国时代经济出版社，2014 年 12 月。

# ◉ 编纂始末

2014 年冬，威海市地方史志办公室（以下简称“威海市史志办”）得知中国地方志指导小组办公室（以下简称“中指办”）正筹划实施中国名镇志文化文程和名村志文化工程后，经研究决定，由曾是全国闻名的“苹果村”“葡萄夼”、现为“全国文明村镇”的威海市环翠区陶家夼社区首担此任，在已出版发行的《陶家夼志》的基础上，再编纂一部下限至 2014 年的新《陶家夼志》，参选中国名村志丛书。接到任务后，威海市环翠区地方史志办公室（以下简称“环翠区史志办”）立即与陶家夼社区居委会协商，成立由环翠区史志办和陶家夼社区居委会组成的《陶家夼志》编纂委员会，由环翠区史志办负责业务指导，陶家夼社区居委会负责组成编辑组，着手实施编纂。由于当时中国名村志文化工程尚未启动，中国名村志丛书的具体编纂要求不明确，编委会认为编纂名村志就是编纂一部资料翔实、特色突出、具有较高的存史价值和较强可读性的精品志书，所以编修工作都是按照精品村志的编纂要求进行。

2016 年 11 月，中指办出台《中国名村志文化工程实施方案》，要求名村志由县级地方志工作机构牵头组织编纂。环翠区史志办立即将这一要求和前期编纂工作向威海市环翠区政府（以下简称“环翠区政府”）作了汇报。环翠区政府对编纂《陶家夼志》（后改为《陶家夼社区志》）工作高度重视，成立了由分管副区长任主任，环翠区史志办、环翠区竹岛街道办事处、陶家夼社区居委会主要负责人任副主任的威海市环翠区陶家夼社区志编纂委员会，并决定由环翠区财政安排专项编纂经费，由环翠区史志办派出业务骨干任执行主编，从社会招聘 4 名文字水平较高的人员与陶家夼社区居委会原有编辑组组成新的编辑组，编纂《中国名村志丛书 · 陶家夼社区志》（以下简称《陶家夼社区志》），确保编纂出高质量的名村志，力争首批出版。

2016 年 12 月，新的编辑组组建后，立即根据《中国名村志文化工程实施方案》的要求，借鉴已出版的中国名镇志丛书的篇目设计样本，对《陶家夼社区志》的篇目进行了设计，并按时上报中指办，申请编纂《陶家夼社区志》。申报获得通过后，编辑组采取边进行业务学习、边着手编纂的方式，在学习借鉴已出版的中国名镇志丛书的基础上进行编纂。

2017 年 3 月，副主编于海龙、执行主编王志坚参加在上海市枫泾镇中洪村举办的中国名村志文化工程培训暨篇目论证会后，了解了名村志编纂的目的、意义和具体要求，结束了“摸着石头过河”的编纂状态。面对时间紧、任务重、压力大的局面，全体编纂人员不改初心，坚持质量第一的原则，迎难而上，克服困难，重新制订编纂计划，按照坚守志体、突出特点、彰显特色的原则，根据篇目论证会的要求，调整篇目设计，按计划、有步骤地开始新的编纂。为争取时间，按时保质保量地完成编纂，全体编纂人员齐心协力，团结合作，加班加点认真调查核实资料，撰写志稿。6 月初完成初稿后，陶家夼社区志编纂委员会组织召开了初稿研讨会，对志稿进行细致地讨论研究，对每一处有疑问的资料和记述进行分析论证和逐一落实。6 月底，编辑组根据研讨会的意见，修改形成评议稿。7 月初，编委会邀请有关专家徐秋明、傅强及威海市史志办的专家对志稿的篇目、内容、记述方法进行评议后，编辑组按评议意见将志稿修改完善为送审稿，并报山东省地方史志办公室（以下简称“山东省史志办”）评审。

在编纂过程中，中指办、山东省史志办、威海市史志办有关领导给予了密切关注、大力支持和精心指导，在此深表感谢。

因时间仓促和水平有限，虽潜心编纂，但纰漏难免，敬请各级领导、志界同仁、专家学者及广大读者批评指正。因本书中所选照片及诗词文章众多，部分作品未能在出版前及时联系到著作权人，请著作权人看到后与我们联系，我们将奉上稿酬。

编　者

2017 年 7 月 24 日

人居福地陶家夼　　李强　绘